A estrutura na obra lacaniana

TACIANA DE MELO MAFRA

A estrutura na obra lacaniana

Companhia de Freud
editora

Editoração Eletrônica
Juliana de Barros Guimarães

Revisão
Anne Francialy da Costa Araújo

Ilustração de Capa
Jeanine Toledo

Editoração Gráfica
Juliana de Barros Guimarães

FICHA CATALOGRÁFICA

M187e

Mafra, Taciana de Melo.
A Estrutura na Obra Lacaniana / Taciana de Melo Mafra. – Rio de Janeiro : Companhia de Freud, 2000.

226 p.; 23 cm.

ISBN 85-85717-47-5

1. Lacan, Jacques, 1901-1981. 2. Psicanálise. 3. Estruturalismo. I. Título.

CDD -150.195

Companhia de Freud
editora

Endereço para Correspondência
Rua Visconde de Pirajá, 577 - Salas 306-307
Cep 22410-003 - Ipanema - Rio de Janeiro
Tel.: (21) 540-7954 – Telefax: (21) 239-9492
e-mail: tereza@ism.com.br

Nada existe isolado; tudo
participa de tudo.
Anaxágoras.

A meu pai e minha mãe pelo carinho exigente e acolhedor; a Déa, Lila, Beto e Luca pela satisfação da partilha conquistada e ampliada com Humberto, Carlos André e Izabela que germinam a querida descendência: Maria Eduarda, Carlos Henrique, Lara e Bruna. Finalmente, a Lourdes pela companhia fraterna indispensável de todos os dias e a Amanda, filha amada, pelas maiores alegrias.

Agradecimentos

A Adriana Barros pelo frescor do ânimo que me confere, cravado pela via do estilo delicado com que se debruça sobre minha produção, depreendendo importantes comentários e sugestões; a Angelita Mafra pela ajuda na revisão do texto; a Anne Araújo pela revisão do texto que contém sugestões tão apropriadas, pela ajuda nas pesquisas, na organização das notas e do gráfico anexo; a Edna Porto pelo efeito estruturante de suas impressões que tanto apaziguaram a inquietação da escrita, situando com sua leitura um lugar pertinente para este trabalho; a Jeanine Toledo pelo esmero da bela imagem criada para o livro; a Juliana Guimarães pelo entusiasmo com que me acompanhou por toda parte do trabalho fazendo intervenções imprescindíveis que ampliaram aspectos importantes do texto, além de algumas traduções de textos inéditos, da trabalhosa organização das notas, do anexo e da composição gráfica da capa; a Maria de Lourdes Ribeiro pela leitura cautelosa que encaminhou correções importantes e pelas palavras de incentivo; a Maria do Carmo Vieira por um tempo constitutivo destas questões e a Jacques Laberge.

Sumário

Anexo

PREFÁCIO

O século XX acabou e, no limiar do terceiro milênio, o inconsciente se encontra sob fogo cruzado, atacado pelo capitalismo, o mal-estar na cultura, a sociedade depressiva, as religiões totalitárias e o discurso da ciência, mais cego do que nunca. Lacan disse, alguma vez, que a psicanálise era um sintoma da civilização e que chegaria o dia em que esta última ficaria curada daquela. Teríamos chegado ao "fim da história"?

* * * * *

Duas décadas atrás, o velho analista mergulhava num merecido sono sem sonhos, depois de uma longa vida e uma extensa produção. Ainda vivo, e até o limite da sua lucidez, continuava a pensar e reformular as idéias e os conceitos que a sua lavra aquinhoara para benefício da psicanálise, mas também para glória e desafio do pensamento ocidental. Finda a sua existência, acabaram as novidades, pelo menos aquelas que a transferência de todos esperava dele, mestre por obra e graça. Um capítulo da gesta do movimento psicanalítico assim foi encerrado. O que foi iniciado a partir de então, e ainda hoje, deve ser considerado, para todos os efeitos, como "pós-lacanismo", ressalvando que este termo, mais do que uma mera denominação cronológica, aludiria a uma certa superação e talvez a um questionável progresso em relação à época anterior.

Hoje, a disseminação do legado lacaniano é um fato incontestável, pois muitos são os analistas que a ele se referenciam, nos mais diversos países, congregados em instituições locais e transnacionais, embora também sejam bastantes aqueles que mantêm algum tipo de liberdade associativa. O epicentro continua sendo Paris; faz tempo, entretanto, que deixou de ser considerado uma Meca.

Assim como, em priscas eras, não resultava fácil nem possível o acesso aos seminários de Lacan, atualmente, a maior parte deles já foi editada, em versões oficiais e/ou piratas. Junto com eles, enorme quantidade de bibliografia a respeito, livros, revistas, artigos, etc. Inclusive, a tarefa ininterrupta de Jacques-Alain Miller, estabelecendo, comentando, esclarecendo e parafraseando os textos básicos, constitui, *per se*, uma outra obra paralela, não independente, porém correlata. Outrossim, existem também vários dicionários na praça, quase todos confiáveis. Para completar, o discurso universitário, até certo ponto e de maneira sempre limitada, começa a admitir e absorver o discurso lacaniano.

Tudo isso parece pintar um quadro de grande otimismo, onde a expansão do ensino de Lacan extrapola fronteiras e poliniza os mais diversos saberes e disciplinas, fecundando mentes esclarecidas e arrebatando corações propícios. Mas talvez não seja tão assim, mesmo porque é agora, neste exato momento pós-lacaniano, que a batalha contra o obscurantismo está sendo travada, sem que se saiba, ao certo, qual será seu desfecho. No final das contas, a psicanálise poderá ser exterminada ou vitaminada.

* * * * *

Segundo uma formulação consagrada, o lacanismo, como tendência epistemológica, costuma ser escandido em quatro períodos: primeiro, o épico, a saga da reconquista teórica do retorno a Freud; depois, o neo-clássico, quando se pensou que a consistência dos conceitos precisava ser incrementada, melhorando o original; mais tarde, o kitsch, a reprodução do já aceito e estabelecido até o extremo da repetição em série; por último, o tempo do paradigma, onde seria necessário aprofundar e consolidar o que sustenta o sistema de pensamento, sem invenção nem imaginação, mas com suficiente rigor.

É nesse último que se situa o presente livro, fruto do trabalho e da dedicação de Taciana de Melo Mafra. A autora, mais uma vez, demonstra sua competência no desafio proposto, a apresentação das referências, pressupostos e postulados que, como uma trama de bastidor, permitiram que Jacques Lacan elaborasse seu corpo de saber, formalizando a experiência da análise. O intuito, evidente, foi explicitar os paradigmas que sustentam tais alicerces teóricos, considerando a alteridade com o pensamento da sua época, a interlocução com seus pares e a intertextualidade em jogo na sua escritura.

Com efeito, pode ser argumentado que o programa inaugurado pela obra de Lacan não tinha limites conhecidos *a priori*, por incluir questões de grande porte, como a de estabelecer a ordem das relações entre a lógica e a linguagem. Assim, o estruturalismo, não sendo nem uma filosofia nem uma concepção do mundo, senão simplesmente um método de positivação sistemática de conjuntos de dados complexos baseado num modelo lingüístico, foi de grande utilidade no seu momento. Sob tal égide, outros intelectuais também se serviram dessa alçada epistêmica para construir os objetos dos seus respectivos campos.

No caso da psicanálise, tratava-se de uma práxis capaz de oferecer uma definição efetiva de estrutura, ainda que, historicamente, essa definição fosse inseparável de uma reconstrução teórica. Contudo, e segundo a cronologia, Freud já estava posicionado à frente das estruturas e do estruturalismo, enquanto para Lacan foi decisivo lançar mão da lingüística moderna. A metodologia, contudo, não podia preceder a linguagem da teoria; por essa razão, ele colocou como exigência o retorno aos textos freudianos. Em outras palavras, isto queria dizer que o edifício doutrinal não deveria ser precedido pela formalização; antes, e com maior precisão, o escopo conceitual teria de ser indissociável de sua formulação estrutural.

Alguns dos pivôs do pensamento lacaniano eram prévios a este, provenientes de outros autores, por mais que, *a posteriori*, fossem reformulados e calibrados de maneira exclusiva. Assim, significante e sujeito, para tomar apenas dois dos capitais, foram destilados desde a prática clínica até advir conceitos apropriados. Talvez, de todos os autores estruturalistas, tenha sido Claude Lévi-Strauss quem funcionou como um autêntico mentor. Dele, Lacan incorporou a idéia de que o significante pode ser desprendido dedutivamente do real. Numa primeira etapa do seu ensino, essa consideração levou à postulação da primazia do simbólico, capaz de criar, significantizando, a realidade.

Decorrente de uma certa fenomenologia, a função do significante era a de dar sentido. Só que, mais tarde, na altura da Instância da letra, o significante foi elevado à categoria de causa, quando até as coisas foram consideradas como tal. Por fim, numa versão definitiva, já nos anos setenta, o real mudou de *status*, aparecendo agora na trama do simbólico, para furá-lo e denunciar sua incompletude. Destarte, a derradeira oposição acabou sendo a do real com o semblante, sendo que este último incluiria a articulação entre significante e significado. Nessa altura, porém, Lacan não tinha apenas assimilado o legado estruturalista, como também conseguido avançar muito além, correndo em raia própria.

Oscar Cesarotto

Apresentação

Decidir sobre o ponto de partida deste projeto exigiu um tempo para ordenar miríades de idéias e pensamentos que vêm se prefigurando no trilho das inquietações que a formação analítica e, particularmente, a clínica provocam.

Tomar o texto de Lacan como baliza para instrumentalizar o exercício da clínica psicanalítica não é propriamente uma escolha, mas algo determinado, fundamentalmente, pelos enigmas que erigem a transferência. Esses enigmas, certamente, são os mesmos que dizem respeito à filiação, naquilo que a anterioridade porta de velado e mesmo de perdido.

A dimensão do que vem a ser um certo estado de coisas, paulatinamente, conduziu-me a formular a questão do que fazer diante do mito de origem, como dar conta da filiação ao ensino lacaniano e às suas conseqüências para a ulterioridade da Psicanálise, como também do que esta inscreve e confere à cultura.

É possível que não seja uma minudência o fato de ler Lacan situado diacronicamente na contemporaneidade de seu ensino. O pensamento lacaniano tem a força e a complexidade determinantes da obscuridade que se estampa diante dos que dele se aproximam.

Muito se pensou sobre isso e, de maneira geral, é unânime a opinião que se faz ecoar sobre a excentricidade de um estilo que lhe custou a alcunha de Góngora da Psicanálise.

De qualquer maneira, não há como ser negligenciada ou ignorada a importância do tempo para a elaboração da transmissão das idéias de Lacan. Costuma-se dizer que o Estruturalismo, assim como a produção lacaniana, conferem soberania à sincronia, em detrimento da diacronia. No entanto, isso parece um equívoco que aparta os eixos da relação sincronia/diacronia desfazendo o efeito produzido no ponto em que fazem vértice.

São passadas quase duas décadas da morte do "pai rigoroso do Estruturalismo"[1] e me atrevo a dizer que a leitura de Lacan, nestes últimos dez anos, que sucedem sua morte, tem outro tônus. Há, sem nenhuma dúvida, uma releitura de Lacan marcada da afirmação de novos estilos, algo que arranja de maneira muito própria os conceitos por ele forjados. Dessa forma, as exegeses lacanianas têm cada vez mais se prestado a fazer valer a eficácia dos signos, para o compasso da interlocução.

Mas o esforço de acompanhar Lacan sem fazer de sua letra uma excentricidade estéril impõe recorrer às fontes que ele utiliza em sua engrenagem conceitual, para ler Freud. Para isso, é imprescindível entender em torno do que Lacan gravitava, qual a palavra de ordem do pensamento de seu tempo e como se conformavam nele os efeitos dessa composição.

Tudo isso impõe estabelecer um certo método próprio para o estudo do texto lacaniano que, sem dúvida alguma, é propulsor da autoria no sentido de que determina um estilo e seu registro. Este livro é o resultado de um projeto articulado para o estudo de Lacan, que tem, como primeiro passo, desbravar os elementos que circunscrevem sua relação com o Programa Estruturalista.

Contudo, foi preciso encontrar as pegadas para a deflagração desse programa e, então, fez-se necessário revisitar passagens fundamentais do pensamento ocidental, entre os séculos XVIII e XX.

---

[1] Jacques Lacan morreu em 9 de setembro de 1981.

CAPÍTULO I

As fontes clássicas e um antigo impasse que se define com Saussure

O SÍMBOLO

O que é um símbolo?

Esta é uma questão que exige uma investigação ampla, para que seja possível reformulá-la numa circunscrição capaz de permitir o acesso a uma resposta apropriada.

A palavra símbolo vem do grego *symbolon* e podemos pensar que, desde então, encontramos o que daí especulava-se a propósito do concreto e do abstrato. Etimologicamente, a palavra *symbolon* tem o significado de um sinal de reconhecimento de algo que faz parte de um todo, o que denota a idéia de que a ligação faz o sentido.

Platão, partindo de uma observação de ordem estética, afirma que os belos cavalos encontrados em maior ou menor quantidade serão mais ou menos belos em relação a um tipo perfeito de cavalo, um modelo ideal que a natureza material jamais conseguirá reproduzir. Portanto, a idéia de cavalo existiria antes do cavalo real. Para ele, a idéia é concreta e a unidade material resulta da fragmentação da idéia e da separação entre o mundo sensível (material) e o mundo inteligível (ideal) deduzido por abstração.

A antinomia entre concreto e abstrato segue na diacronia de sua especulação, encontrando em Aristóteles sua confirmação pela via do princípio: há ciência apenas do universal. Dessa maneira, a ciência incide sobre o abstrato e o indivíduo fica fora da ciência.

O concreto que escapa à ciência concerne, então, ao indivíduo, que é definido como a espécie última ou ínfima em relação à teoria dos atributos essenciais que explicam a hierarquia dos gêneros e das espécies, de onde decorre a posição aristotélica de que o indivíduo resta à margem do conhecimento.

É nessa direção que segue o que concerne a uma formalização rigorosa da linguagem, na qual Aristóteles classifica os seres concretos, os indivíduos, conforme uma hierarquia de gêneros e de espécies. Dessa forma, cada ser é suscetível de ser falado, de acordo com um complexo de qualidades advindas do substantivo ou do adjetivo.

A relação do indivíduo com o conhecimento é uma questão deixada em aberto pelo aristotelismo e tem largas conseqüências quanto à impossibilidade de que haja uma individualidade real, uma relação consciente entre o homem e o universal, entre o concreto e o abstrato.

O empirismo, desenvolvido historicamente pela sociedade inglesa dos séculos XVII e XVIII, tenta resolver esse problema, mas o que parece produzir é uma inversão dos termos, ou seja, segundo ele, a idéia, a razão, o espírito são abstrações realizadas. O empirismo é nominalista e cético.

Numa síntese rápida, o aristotelismo acreditava na ciência, mas colocava-a fora do concreto, enquanto que o empirismo nega a ciência pela via da exclusão do conceito em geral, de toda a idéia geral e mesmo de qualquer existência objetiva além das sensações experimentadas.

Certamente, podemos afirmar que é com Hegel que essa questão começa a se esclarecer, a partir do que ele irá afirmar na Grande Lógica: se o verdadeiro é o abstrato, ele é o não verdadeiro. Ele dirá que o verdadeiro concreto não reside no sensível, no imediato, mas, sim, que o sensível é, num certo sentido, a primeira abstração. Preconizará, em "Filosofia do Direito", a busca do verdadeiro como resultado partindo do começo, ou seja, do abstrato.

Essa antiga questão segue nos trilhos da história do conhecimento acompanhada de uma outra, da mesma ordem, a saber, a complexa relação entre a Lógica e a realidade, a qual prenuncia a elaboração científica.

A Lógica formal é filha da antiga Hélade, no curso do classicismo, e teve sempre em sua natureza o caráter de exatidão. Tendo na origem uma marca desse teor, seu destino estará, assim, apontado em seu avatar, que constitui uma ligação solidificada com a Matemática. É assim que se chega à Lógica simbólica moderna.

No entanto, apesar de não haver hesitações quanto ao fato de que a coerência de um discurso depende de regras que tenham em sua Lógica um estatuto universal, coloca-se aí a questão de saber como é que as regras formais, abstratas, sustentam-se em relação ao real.

É justamente essa questão que incide recorrentemente no pensamento filosófico de Aristóteles a Wittgenstein, que conforma o problema das fronteiras entre legalidade lógica e legalidade ontológica.

A noção de Lógica vem de Aristóteles que, no entanto, apesar de no "*Organon*" realizar o primeiro tratado sobre a disciplina, não a circunscreve. Em "Analíticos", ele estabelece uma definição, porém não faz nenhuma nomeação. A disciplina, então, sem nome, é por ele preconizada como ciência da demonstração e do saber demonstrativo, que se refere a dois tipos de discursos – dialético e retórico – e suas estruturas típicas. São seus comentadores peripatéticos e platônicos influenciados pelos estóicos que introduzirão o termo "lógica" como sinônimo de dialética.

Entre os assuntos que compunham as questões sobre a Lógica, em fins da idade antiga e na idade moderna, é importante destacar que, no segundo tempo, há uma contribuição particular no que se refere à conformidade da tradição ocidental sobre o tema, a saber, a doutrina da designação e denotação, de onde deriva parte dos estudos do que, atualmente, conhecemos como "semântica".

As indefinições de Aristóteles a propósito da fundamentação dessa disciplina, em favor de suas preocupações em forjar doutrinas para aplicação aos problemas filosóficos, concretos, principalmente a Metafísica e a Ética, produzem a questão de saber quais são os objetos de que a Lógica se ocupa. Estar-se-ia, então, diante de substâncias reais ou não?

Dessa forma, monta-se a contenda entre realistas e nominalistas. Para os primeiros há a existência real dos universais, o que se coloca do lado de uma ontologia e, para os segundos, o que existe é a negação de uma subsistência ontológica dos universais.

No último grupo, ressalta-se o nome de Abelardo, que inaugura o registro de uma dimensão específica para a Lógica. Define-a como "ciência dos sermões", determinando, assim, seus termos: palavras e discursos. Palavras que continham uma intenção significativa, ou seja, próprias para identificar coisas e não apenas sons.

Na Idade Média implantam-se duas linhas ou métodos sob os quais se referiram os textos escolares da Lógica, até a Idade Moderna: a *via antiqua*, que reza a tradição realista de tendência ontológica, e a *via moderna*, preconizada por Abelardo, apartada de uma hipótese metafísica "sobre a existência real ou não, de um objeto"[2].

É fundamental incluir nesse caminho a contribuição de Santo Agostinho e de São Tomás de Aquino a propósito das representações. O primeiro, ao contrário de assumir uma posição da ordem da abstração sobre o homem, propõe articular concretamente o problema do eu. Para isso discutirá o problema dos objetos corpóreos categorizando-os como mutáveis e imperfeitos e, a partir daí, atribui à alma espontaneidade e autonomia em relação às coisas corpóreas. A alma, por conseguinte, é dotada de critérios de conhecimento, para julgar as coisas, constituídos pela Lei e pela Verdade. Verdade que, por sua vez, é catalisada pelo Intelecto derivado das Idéias que são propriamente as supremas realidades inteligíveis, tal como Platão preconizava. Ou seja, as Idéias são o parâmetro pelo qual todas as coisas são feitas. O homem sabe gerar filhos e produzir a partir do Uno. A criação advém do nada (*ex nihilo*), no sentido da não substancialidade de Deus. Portanto, as Idéias estão contidas na mente divina sendo, dessa forma, a verdadeira realidade, eterna e imutável, o que existe e o que determina tudo o que existe. Deus é o criador preciso das razões seminais de todas as coisas[3].

São Tomás de Aquino, destacado entre os escolásticos, constituiu um sistema de pensamento tendo na base as depreensões aristotélicas. O objeto nuclear de suas reflexões não foi o homem ou o cosmos, mas sim Deus. Defendeu verdades racionais, porém a partir de estruturas universais. Partindo do conceito de ente, ele afirmou que este determina tudo o que existe. O ente pode ser lógico, conceitual ou real e ainda extramental, o que significa que nem tudo que é pensado necessariamente existe. Assim, afirma com seu realismo moderado que o caráter universal dos conceitos é derivado da abstração do intelecto. No entanto, o universal

---

[2] Abbagnano, Nicola. (1998). *Dicionário de Filosofia*. São Paulo: Martins Fontes, p. 626.

[3] De maneira magistral, encontramos em Santo Agostinho o protótipo do conceito de Significante saussureano, como podemos entrever no "*De Magistro*": "Com as palavras não aprendemos senão palavras; antes, o som e o ruído das palavras, porque, se o que não é sinal não pode ser palavra, não sei também como possa ser palavra aquilo que ouvi pronunciado como palavra enquanto não lhe conhecer o significado. Só depois de conhecer as coisas se consegue, portanto, o conhecimento completo das palavras." (Santo Agostinho. (1984). Confissões; *De Magistro*. In: *Os Pensadores. 3ª ed.*, São Paulo: Abril Cultural).

não é real como o indivíduo e é preciso ultrapassar a experiência sensível para que o intelecto atinja a universalidade. É pela essência que se torna possível apontar o que é uma coisa e distingui-la das outras, assim como distinguir os entes: Deus, o homem, o animal e a planta. As coisas, portanto, podem existir ou não, podem não ser. É importante sublinhar que o pensamento de São Tomás constitui um discurso sobre o ser e sobre o ato de ser, uma ontologia que inova as questões postas pelos gregos. O que é o ser e porque ele existe ao invés do nada são questões colocadas no cerne das reflexões tomistas enquanto o inefável e conseqüentemente fundador da possibilidade de todo discurso.

Fatos mentais ou estruturas intencionais para a produção dos conteúdos semânticos, assim como de formas destituídas desses conteúdos e de atos mentais que os contenham, são mais um paradoxo sobre o objeto da Lógica, vigente nos séculos XIX e XX, nas discussões de Husserl, Russell e Wittgenstein, que retomam e atualizam a acepção da Lógica formal pura.

Também se interpõe no destino da Lógica o problema a respeito de sua natureza, ou melhor, interrogar se a Lógica é da ordem da ciência ou da arte, para o que é possível, no pensamento medieval, afirmar as duas pertenças, sendo, enquanto arte, um exercício ativo do discurso.

A controvérsia entre lógicos ingleses, que retoma a erística dos tempos platônicos e a retórica de Cícero[4] é um movimento reformista, que passando pela ênfase[5] sobre a inferência indutiva, desemboca na minimização da questão a respeito das estruturas formais do discurso dedutivo.

É a partir daí, com Francis Bacon, no século XVII, que a noção de Lógica tomará um rumo radicalmente distinto, sendo sublinhada por sua edificação metodológica, para a instrumentalização da investigação científica.

---

[4] A retórica ciceroniana procura elementos para a persuasão pelo discurso, mais propriamente a heurística, como meio de detenção da verdade – histórica e ética – humana.

[5] Fracastório e Zabarella foram os maiores articuladores dessa ênfase.

É, portanto, o começo de uma tomada da Lógica em termos propriamente modernos, onde declina o formalismo e se ergue uma preocupação com a Gnosiologia, a Psicologia e a Metodologia, a exemplo da Lógica de Port-Royal[6].

Conduzem-se, nesse trilho, os estudos da Lógica perpassados no século XVI pelo ressurgimento da geometria euclidiana, tonificando um estudo lógico-formal que intervém sobre a fixação das estruturas discursivas, que tanto advêm do rigor como o reproduzem.

Daí por diante, Descartes e Pascal buscam uma metodologia que assegure a investigação da estrutura da linguagem perfeita, ou seja, a linguagem matemática e dos axiomas.

O estabelecimento desses símbolos imuniza a Lógica, ao mesmo tempo, da Metafísica, do dogma e das construções psicologizantes, mas busca ainda uma doutrina matemática do discurso, que não galga o sucesso nas inúmeras tentativas feitas por Leibniz e sua escola. No entanto, a importância de Leibniz está nas idéias desenvolvidas por seus seguidores alemães no século XVIII, quando tratam de uma "arquitetônica da razão".

Esse elemento será cuidadosamente recebido como herança, por Kant, que distinguirá radicalmente a Lógica, da Psicologia e da Ontologia e dará ênfase ao pensamento e à doutrina da consciência, sob a forma da "Lógica transcendental".

Hegel acentuará que a Lógica kantiana é uma espécie de "metafísica da mente" ou do "pensamento", inserindo, dessa forma, na Filosofia contemporânea, a acepção de "Filosofia do pensamento", que se difunde, no fim do século XIX, como uma teoria do pensamento, largamente desenvolvida pelos positivistas.

Lógicos e matemáticos ingleses, entre os quais Boole, inauguram uma disciplina – Álgebra da Lógica – que supera em formalismo e ganha em independência da Lógica tradicional. Daí resulta o trabalho desenvolvido, no fim do século XIX, por Frege, Peano e Russell,

---

6 "[...] durante longo tempo foi o texto mais importante dessa disciplina e o modelo adotado e compendiado com maior ou menor fidelidade pelos demais tratados". (Abbagnano, N. Op. cit.: 627).

denominado Lógica matemática e proponente de duas disciplinas: o Cálculo Proposicional e o Cálculo das Funções Proposicionais. Tais disciplinas são responsáveis por uma ordenação surpreendente no que diz respeito ao estudo dos enunciados.

Toda essa longa história a propósito do terreno das questões científicas sobre o símbolo dará um salto da Lógica matemática à Semiótica, propriamente dita, passando pela difusão da metamatemática.

Ou seja, as premissas de Russell e Wittgenstein haviam afirmado uma linguagem ideal, perfeita, meramente simbólica, a partir de que seriam construídas linguagens científicas, que examinariam as estruturas lógicas de cada disciplina. Portanto, a Lógica simbólica de Russell não é intrínseca à Matemática, o que acirrou as críticas por parte dos que defendiam sua prevalência.

Assim, se dá uma cisão que se difunde, passando pelas questões colocadas por Gödel sobre a problemática da formalização Matemática, como fundamento de uma disciplina; até chegar a uma orientação, advinda da ex-escola de Viena, a saber, a analítico-filosófica, que preconiza uma disciplina denominada semiótica, em sua amplitude destinada a tratar da teoria do signo. Essa é uma criação de Ch. W. Morris a partir do impulso da sintaxe lógica de Carnap, que transforma a ciência do pensamento em ciência da linguagem, e da Lógica de Dewey.

A moderna ciência da linguagem retornará, no entanto, ao que há de mais antigo, ou seja, ao problema dos signos subjetivos, como era aludido por Sócrates, a exemplo do "homem", "é", "e", "todos", "não". Esses signos fazem parte do discurso apenas em sua relação com outros signos, que são limitáveis e reconhecíveis.

É necessário que, nesse ponto, alcemos à inserção da Psicanálise no conjunto dessa discussão. Não obstante, deveremos retornar a Hegel em sua busca obstinada do verdadeiro, pela via da abstração, o que o coloca de algum modo em consonância com os princípios metafísicos e, também, como fonte do que mais tarde Freud recorrerá na afirmação de que o símbolo é a morte da coisa.

No entanto, será certamente do lado do racionalismo que Freud tentará sempre dar respaldo à sua descoberta e é com Galileu que aparece uma importante passagem a respeito dos princípios de uma inscrição.

Galileu, o primeiro cientista, digamos assim, atestará o conceito "queda dos corpos", apontando que, dessa forma, dar-se-á a criação de um objeto de pensamento dotado de existência física. O que quer dizer que o procedimento experimental por ele empregado constitui um objeto, ao mesmo tempo físico e racional, respectivamente, experimental e ideal. Isso é muito inovador e mais uma vez levará as coisas ao campo da linguagem, na medida em que torna o raciocínio dedutivo, fazendo uma ligação de hipótese silogística fundada numa analogia.

Então, a razão é forjada para dar conta de sua deficiência.

Estamos diante de uma premissa imperativa e de algum modo retornamos ao princípio das coisas. O que é que a razão forja e a partir de que forja?

Nem a Metafísica, nem a Filosofia, nem a Ciência possuem instrumentos, em seu discurso, para responder a contento a tais questões.

Enquanto essa vereda da questão assim se pronunciava, no muito pouco que aqui entrevimos, os estudos sobre a linguagem, a língua, o signo, o símbolo, etc decorriam, como vimos, num ramo do saber que, por volta do começo do século XX, veio a se introduzir no domínio das ciências: a Lingüística.

Ferdinand de Saussure irá demarcar a ascenção da Lingüística às ciências, afirmando que a esse campo do conhecimento só é possível conhecer a ordem própria da língua. Erigido tal pilar, renova-se toda uma gama de questões colocadas pela Filosofia em milênios e, mais uma vez, será dada uma articulação que concatena o problema das representações.

De certa forma, o ato de Saussure ratifica a exclusão do sujeito de dentro da ciência, remontando à asserção aristotélica, conquanto a partir de outros elementos.

Curiosamente, nesse mesmo segmento de tempo, longe de Genebra, em Viena, Freud faz, alguns anos antes dessa afirmação de Saussure, sua grande descoberta: o inconsciente. O inconsciente freudiano é, desde os primórdios de sua elaboração, colocado como uma linguagem e de uma maneira muito particular relativa ao simbolismo.

O símbolo em Freud tem estatuto de objeto e está alinhado ao fundamento da razão, ditado por Galileu, na medida em que serve como um modelo que torna o raciocínio dedutivo, ligando a hipótese a uma fundamentação, por analogia.

É dessa maneira que o "Projeto para uma Psicologia Científica"[7], de 1895, é um texto que recorre a categorias neurológicas para fundamentar, justamente, o campo das inscrições subjetivas, ou seja, o campo do simbólico e da inconsciência das representações.

Mas é em 1896, num artigo intitulado "Novos comentários sobre as neuropsicoses de defesa"[8], que encontraremos, pela primeira vez, um registro de Freud sobre o símbolo. Ele aponta o sintoma como um símbolo do trauma, ou melhor, a paciente que ora examinava deveria ter usado sensações físicas como símbolo das mentais.

Garcia-Roza demonstra que, nesse ponto da abordagem de Freud sobre o assunto, o símbolo tem estatuto de sinal, desde que não possui caráter universal, sendo preciso que as associações da paciente conduzam à articulação entre o sinal e o sinalizado[9].

Encontraremos um deslocamento dessa aplicação do termo em Freud, em sua "Psicopatologia da vida cotidiana", na qual ele estabelece uma distinção entre ato sintomático simbólico e símbolo mnêmico. No primeiro termo existe uma analogia entre signo e referente, enquanto que no segundo a analogia pode ser inexistente.

Em "A interpretação dos sonhos", encontra-se uma acepção importante de Freud sobre o símbolo. Ele parte de um determinado tipo de sonho, os quais denominou de "sonhos típicos", para asseverar que há no conteúdo dos sonhos um determinado símbolo que tem um caráter universal e que, ao contrário dos demais elementos dos sonhos, esses símbolos não são suscetíveis de associações por parte do sonhador, como é o caso dos outros elementos dos sonhos, que são da ordem de um código privado: "Depois de nos familiarizarmos com o abundante emprego do simbolismo que é feito para representar o material sexual nos sonhos, está fadada a surgir a questão de saber se muitos desses

---

[7] Adiante se encontra um comentário extenso desse texto.

[8] Freud, S. (1976[1893-1899]) Novos Comentários sobre as neuropsicoses de defesa. In: *Edição Standard Brasileira das Obras Psicológicas Completas de Sigmund Freud. Vol. III. Primeiras publicações psicanalíticas.* Rio de Janeiro: Imago, p. 193.

[9] Ver Garcia-Roza, L. A. (1991) *Freud e o Inconsciente.* 6ªed. Rio de Janeiro: Jorge Zahar, p. 74.

símbolos não ocorrem com um significado permanentemente fixo, como os 'logogramas' da taquigrafia; e ficamos tentados a elaborar um novo 'livro dos sonhos', baseados no princípio da decifração. Quanto a esse ponto, há que dizer o seguinte: esse simbolismo não é peculiar aos sonhos, mas característico da representação inconsciente, em particular no povo, e é encontrado no folclore e nos mitos populares, nas lendas, nas expressões idiomáticas, na sabedoria dos provérbios e nos chistes correntes em grau mais completo do que nos sonhos"[10].

Mas será em "Além do princípio do prazer" que Freud estabelecerá mais que uma conceituação sobre o símbolo. Ele concatena nesse texto prodigioso a teoria da operação simbólica. Por meio do jogo de ausência/presença, o *fort-da,* estampa-se uma inscrição que é, propriamente falando, o protótipo da hominização. Para a falta radical da condição humana, a conseqüência vital é o arranjo de uma combinação simbólica, linguageira, que se efetiva na relação com um outro. Esse é o marco que funda com um traço o inconsciente e redimensiona na história do conhecimento o lugar do sujeito no pensamento, demarcando uma Outra topologia, que define o sujeito do inconsciente.

É com esta passagem panorâmica dos estudos feitos sobre o problema do símbolo que insiste desde os primórdios da história do conhecimento, que prosseguiremos, extraindo de algumas passagens mais significativas, elementos para compor as elaborações feitas pelos estruturalistas e por Lacan em meados do século XX.

---

[10] Freud, S. (1972[1900-01]) Representação por símbolos nos sonhos – Alguns outros sonhos típicos. In: *Edição Standard Brasileira das Obras Psicológicas Completas de Sigmund Freud. Vol. V. Interpretação de Sonhos (Segunda parte) e sobre os sonhos.* Rio de Janeiro: Imago, p. 374.

Entre Crátilo e Hermógenes: O voto de Saussure

É bastante surpreendente encontrarmos na obra platônica a discussão que irá se impor com toda a veemência, numa tão recente e moderna roda de intelectuais que compõem o estudo das ciências do signo, os estruturalistas.

Não pretendo me deter na construção magistral forjada por Platão, mas, apenas destacar uma passagem genial que ganha registro no texto do "Crátilo"[11].

O Crátilo é um veio fluido de onde provêm os primeiros elementos para a construção do conhecimento no que concerne à natureza da linguagem.

Esse texto, que tem como subtítulo "Sobre a justeza dos nomes", presentifica de maneira específica todo o problema encaminhado em mais de dois mil anos de investigações, tendo as personagens de Crátilo e Hermógenes como atores no teatro de prodigiosa aporia.

Entre os dois decorre um delicioso embate a propósito de decidir sobre a relação entre o nome e a coisa. Seria o nome, naturalmente, determinado à coisa? Ou a nomeação é uma operação da ordem da cultura, logo, absolutamente, arbitrária a coisa em si?

Para defender a primeira posição, Crátilo afiava seu discurso, enquanto que Hermógenes via-se a elaborar os argumentos para vencer o rival defendendo a segunda posição: "Eu, pelo menos, Sócrates, não conheço outra maneira de denominar com acerto as coisas, a não ser a seguinte: posso designar qualquer coisa pelo nome que me aprouver dar-lhe, e tu, por outro nome que lhe atribuíres. O mesmo vejo passar-se nas

[11] Platão. (1988) *Teeteto e Crátilo.* Belém: Editora Universitária – Universidade Federal do Pará, p. 105.

cidades, conferindo por vezes cada uma aos mesmos objetos nomes diferentes, que variam de heleno para heleno, como dos helenos para os bárbaros"[12].

Daí por diante, há toda uma marcha que segue compondo vários ritmos, em toda extensão da história do pensamento, como já vimos no primeiro item deste capítulo.

Se a discussão começa entre gregos, podemos contar com uma paráfrase da metáfora do mito de Minerva, só que dessa vez é um suíço quem dará o voto. Está lançada a disputa para a qual, entre Crátilo e Hermógenes, Saussure dará seu voto.

Platão interpõe o pensamento de Sócrates, que se dispõe na discussão em dois tempos. Num primeiro momento, ele afirma que o nome é o resultado sonoro de uma produção vocal que imita a coisa imitada: "E uma vez que queremos expressar-nos com a voz, a língua e a boca, não poderemos exprimir o que quer que seja por esse meio, se procurarmos imitar seja o que for?"[13] e "O nome, portanto, como parece, é a imitação vocal da coisa imitada, indicando quem imita, por meio da voz, aquilo mesmo que imita"[14]. Num segundo momento, ele demonstrará que o nome é produto de uma *poiesis* originária, que estabelece entre os nomes e os significados uma trama correspondente.

Sócrates, dessa forma, é um dos juízes que profere uma sentença a favor da "desnaturalidade" do nome, no entanto, busca uma explicação para solucionar o impasse constituído pela alusão ao arbitrário, feita por Hermógenes. Como seria se cada um estabelecesse seus nomes para cada coisa? Impossível. Diante desse impasse é que Sócrates prefigura sobre a justeza dos nomes, encontrando como saída uma apreciação mítica que estabelece uma instância legisladora infalível: "Logo, meu excelente amigo, o nosso legislador deverá saber formar com os sons e as sílabas o nome por natureza apropriado para cada objeto, compondo todos os nomes e aplicando-os com os olhos sempre fixos no que é o nome em si, caso queira ser tido na conta de verdadeiro criador de nomes. O fato de não empregarem os legisladores as mesmas sílabas não nos

---

[12] Platão. Op. cit.: 105.
[13] Platão. Op. cit.: 153.
[14] Platão. Op. cit.: 153.

deve induzir a erro. Os ferreiros, também, não trabalham com o mesmo ferro, embora todos eles façam iguais instrumentos para idêntica finalidade. Seja como for, uma vez que lhe imprima a mesma forma, ainda que em ferro diferente, não deixará, por isso, o instrumento de ser bom, quer seja fabricado aqui, quer o seja entre os bárbaros"[15].

A tentativa de Sócrates de responder ao enigma da nomeação tem, portanto, em sua resposta, a supressão do arbitrário e o estabelecimento de uma lei justa promulgada pelos deuses.

Esse julgamento terá sua sentença reafirmada dois mil e quinhentos anos depois e, dessa vez, é o voto de Saussure que rearticula o problema.

Como sabemos, esse voto congratula Hermógenes e veremos de que forma Saussure demonstra sua escolha.

A segunda geração de notáveis do século XX recebe, de Ferdinand de Saussure, contemporâneo de Freud e Marx, as ferramentas que desdobram revoluções do pensamento. É com ele que se estabelecem os primeiros instrumentos para o manejo da malha da linguagem, montando-se a mola propulsora para as novas aquisições das ciências humanas, na segunda metade deste século.

Como vimos, o começo do século XX é profícuo em elementos que reúnem a afirmação sobre a hegemonia do simbólico para as articulações sobre o humano.

Essa constatação, de tão contundente e axiomática, toma aqui o sentido de estabelecer de princípio e por princípio que o campo da hominização é radicalmente determinado pela eficácia simbólica que constitui o falante, atravessado pela linguagem.

Mas façamos um pequeno passeio sobre a alteridade do texto de Saussure, antes de adentramos em sua fundação.

Se o rumo da edificação das idéias sobre a linguagem vai da mitologia à metafísica – de Platão a Hegel – articulando-se paulatinamente nas construções modernas e contemporâneas, a circunscrição de um estudo sobre a língua, tomada como um objeto de análise histórica, é inaugurada a partir dos estudos de Bopp e reunidos

---

[15] Platão. Op. cit.: 111.

expoentemente em sua primeira obra: *Du système de la conjugaison sanscrite comparé avec celui des langues latine, grecque, persane et germanique*[16] que, como anuncia o título, inscreve que a língua antiga indiana possuía uma íntima relação com o grego, o latim, o persa e o germânico, apontando para um campo de pesquisa que tem aí seu marco de fundação.

Nessa linha das inscrições de uma construção histórica, é preciso sublinhar o momento em que Adolphe Pictet torna-se conhecido por meio de seu livro: "As origens indo-européias", que levou adiante uma extensa pesquisa sobre a relação da língua com a determinação de um povo em sua referência étnica. Esse livro data de 1859-63 e dá nome à ciência que, a partir de então, é batizada por Paleontologia Lingüística[17].

Sessenta e dois anos depois da publicação do texto de Bopp, precocemente, Ferdinand de Saussure, aos 21 anos, escreve, influenciado pelos novos trabalhos da semântica e da fonética, um livro que marcará a história da Lingüística com o nome "*Mémoire sur le système primitif des voyelles dans les langues indo-européennes*"[18], texto que porta uma fundamental importância para os estudiosos de Saussure. Esse texto contém o embrião do arcabouço conceitual da obra mais conhecida das idéias de Saussure: "*Cours de linguistique générale*".

O ponto onde se inscreverá na história das elaborações da Lingüística o marco de sua fundação como ciência é dado, curiosamente, no ano que celebra o centenário do livro, já citado, de Bopp, quando é publicado um livro com as revelações que irão alterar, definitivamente, toda a história do pensamento que lhe é consecutivo no âmbito das ciências humanas.

O solo no qual essas revoluções foram constituídas foi a Suíça, mais precisamente Genebra. Portanto, a língua-mãe dessas idéias é o francês e o livro que as registra não foi escrito pelo seu mentor, mas sim por dois de seus discípulos, a partir de três cursos ministrados por ele em

---

[16] "Do sistema da conjugação sânscrita comparada às línguas latina, grega, persa e germânica".

[17] Saussure, F. (1987 [1916]) *Curso de Lingüística Geral.* São Paulo: Cultrix, p. 306-307.

[18] "Memória sobre o sistema primitivo das vogais nas línguas indo-européias".

1907, 1908-1909 e 1910-1911, na Universidade de Genebra. O livro, organizado por Charles Bally e Albert Séchehaye, com a colaboração de Albert Riedlinger, contém as anotações das aulas de Ferdinand de Saussure. A publicação, que data de 1916, ocorreu três anos após sua morte, sendo atravessada pela problemática que surge da natureza do registro, ou seja, um escrito que é produzido a partir de anotações – que sequer foram feitas exclusivamente por seus organizadores – e, portanto, passíveis do risco de interpretações equivocadas, embora houvesse todo um propósito de seus articuladores de serem fiéis à fala do autor das idéias.

Apesar de recorrerem a Mme. de Saussure para tentar encontrar material sobre os cursos que tivessem sido escritos do punho de Saussure, a intenção dos organizadores do Curso de Lingüística Geral de se exporem menos aos riscos dessa publicação atípica incorreu em fracasso. Nenhuma nota acerca das aulas de Saussure foi encontrada e, portanto, restava-lhes correr o risco que possibilitou a tão grave inscrição histórica das idéias desse notável deflagrador do pensamento estruturalista.

Foram várias as fontes de que Saussure se aproximou em suas especulações e que lhe conferiram elementos para suas elaborações, dentre as quais se destaca uma forma de concatenação das idéias pela via de um paradigma sistêmico. É possível mirar, portanto, o quanto se encaminhar por esse prisma o leva a galgar a responsabilidade da fundação de um modo radicalmente moderno de operar os conceitos. Aliás, é mesmo na possibilidade de entrever a dimensão das operações em jogo num circuito que se revela num fenômeno, e a partir disso teorizá-las, que está a notoriedade do mestre genebrino.

Já foi dito que parte considerável do trabalho maduro de Saussure está contido nos primórdios de suas articulações, em seu texto inaugural. Esse trabalho versa, potencialmente, sobre o paradoxo das unidades lingüísticas inexistentes ou destituídas de realização concreta, fonética, o que é indispensável para a engrenagem de Saussure que, ainda nesse ponto incipiente, já se encontra diante de uma "língua sem palavra" que será um prenúncio da Lingüística da língua, produzindo ditames no próximo século.

É uma afirmação de Saussure que lança a Lingüística no terreno das ciências: "A língua distinta da fala é um objeto que se pode estudar separadamente"[19]. Ditas essas palavras, uma gama de auspícios se insinua agora, no entanto circunscrita como um campo por elas definido.

Com essa asserção, está consagrado por Saussure o objeto de estudo da nova ciência: a língua. Feito isso, produzem-se conseqüências determinantes nas incursões daqueles que se dedicam ao estudo de suas idéias e que ficam desse ponto em diante, marcados pela ordenação proposta pelo mestre em outro de seus aforismos: "A língua é um sistema que conhece somente sua ordem própria"[20].

Para tanto, expõe um algoritmo estrutural da linguagem, que toma como suporte uma nova noção de signo lingüístico, fundada a partir da ruptura com o pensamento tradicional – que concebe a unidade lingüística como uma associação axiomática de um conceito a um termo – num avatar que se transmuta e edifica a afirmação de que o signo une um conceito a uma imagem acústica[21].

A imagem acústica não é o som material, pura física, mas a sua marca psíquica, a representação efetivada pelos sentidos, enquanto que o conceito é da ordem do abstrato. Os termos: marca psíquica e representação, corroboram a articulação da diferença entre linguagem, língua e fala, diante do que Saussure admite que "a língua é para nós a linguagem menos a fala"[22].

Esse novo signo concebido por Saussure é uma entidade psíquica de duas faces, cujos termos se constituem numa relação de associação, ou seja, baseados numa equação que é antes de tudo relação e que tem como termos: signo, significante e significado.

Nesse ponto de suas elaborações, ele propõe permutar significado por conceito e significante por imagem acústica, atribui dois princípios e

---

[19] Saussure, F. Op. cit.: 22.
[20] Saussure, F. Op. cit.: 31.
[21] "O termo 'imagem acústica' parecerá, talvez, muito estreito, pois, ao lado da representação dos sons de uma palavra, existe também a de sua articulação, a imagem muscular do ato fonatório. Para F. de Saussure, porém, a língua é essencialmente um depósito, uma coisa recebida de fora. [...] A imagem acústica é, por excelência, a representação natural da palavra enquanto fato de língua virtual, fora de toda realização pela fala. O aspecto motor pode, então, ficar subentendido ou, em todo caso, não ocupar mais que um lugar subordinado em relação à imagem acústica (Nota dos organizadores, em Saussure, F. Op. cit.: 80.).
[22] Saussure, F. Op. cit.: 112.

duas características: a arbitrariedade do signo[23] e o caráter linear do significante[24] e a imutabilidade[25] e a mutabilidade do signo[26].

Essas concepções do signo, assim como seus princípios e características, dizem de um tempo da construção teórica saussureana, chamado, por seus estudiosos, de primeira teoria do signo. E se existe um tempo chamado de primeiro, é porque certamente haverá algum outro que lhe seja consecutivo.

O segundo tempo da construção saussureana sobre o signo se dá no ponto em que ele compreenderá uma certa operação determinante da significação que não mais será da ordem da fixidez entre o significante e o significado, mas, sim, produto da topologia desses termos numa relação que lhes determina o valor. Essa concepção do signo foi por ele nomeada de teoria do valor e tem como elemento categórico a diferença, operador determinante da afirmação de que essa relação é uma relação de pura diferença.

A obstinada questão de Saussure sobre a língua leva-o a se deparar com o fenômeno dos anagramas, descoberta inquietante, que o confronta e instala diante de um mistério o qual tenta compartilhar com outros, na tentativa de elidir o que para alguns pareceu a sua loucura.

Seguindo essa vereda, o lingüista irá investigar o que há de específico no funcionamento da língua confrontando-se com um encadeamento de termos que o levará a conceber uma operação

---

[23] "A palavra 'arbitrário' requer também uma observação. Não deve dar a idéia de que o significado dependa da livre escolha do que fala (ver-se-á, mais adiante, que não está ao alcance do indivíduo trocar coisa alguma num signo, uma vez que esteja ele estabelecido num grupo lingüístico); queremos dizer que o significante é imotivado, isto é, arbitrário em relação ao significado, com o qual não tem nenhum laço natural na realidade." (Saussure, F. Op. cit.: 83.).

[24] "O significante, sendo de natureza auditiva, desenvolve-se no tempo, unicamente, e tem as características que toma do tempo: a) *representa uma extensão*, e b) *essa extensão é mensurável numa só dimensão*: é uma linha." (Saussure, F. Op. cit.: 84.).

[25] "Isso não impede que exista no fenômeno total um vínculo entre esses dois fatores antinômicos: a convenção arbitrária, em virtude da qual a escolha se faz livre, e o tempo, graças ao qual a escolha se acha fixada. Justamente porque o signo é arbitrário, não conhece outra lei senão a da tradição, e é por basear-se na tradição que pode ser arbitrário." (Saussure, F. Op. cit.: 88.).

[26] "O tempo, que assegura a continuidade da língua, tem um outro efeito, em aparência contraditório com o primeiro: o de alterar mais ou menos rapidamente os signos

arranjada em dois eixos, os quais chamou de sintagmático e associativo. Nesse sentido afirmava ainda: "Mas sendo a língua o que é, de qualquer lado que a abordemos não lhe encontraremos nada de simples; em toda parte e sempre, esse mesmo equilíbrio de termos complexos que se condicionam reciprocamente. Dito de outro modo, a língua é uma forma e não uma substância"[27].

Há aí um princípio que dá acento ao tônus do que Saussure nos propõe pensar, a saber, que temos na língua um sistema, onde uma lei determina as relações e diferenças entre os elementos que discorrem nesses eixos.

Recorria ao latim para nomear as operações aí transcorridas : *in praesentia* e *in absentia*[28], que em seus nomes revelam a concepção que ele fazia daquilo que se passava nessas linhas que se entrecruzavam. No eixo associativo, mais tarde chamado de paradigmático, estar-se-á diante da substituição de um termo em ausência "[...] elas fazem parte desse tesouro interior que constitui a língua de cada indivíduo"[29]. No eixo sintagmático, no entanto, encontramos uma noção de contexto e ligação dos termos que estão presentes e que elidem a possibilidade da elocução de dois elementos simultaneamente.

Concernir às coisas desse modo é um salto radical, fundador da Lingüística como ciência, como nos ratifica Milner, apontando o que Saussure demonstra em seu ato é que a Lingüística como ciência só é possível, como ele mesmo dirá, "distinguindo os fenômenos das coisas em si"[30].

No entanto, a tentativa saussureana de elidir a fala de seu campo de investigação arma para ele uma certa cilada, que o estonteia insistentemente, fazendo com que se imponha a necessidade de construir um contorno para o que declinava dessa afirmação.

---

lingüísticos e, em certo sentido, pode-se falar, ao mesmo tempo, da imutabilidade e mutabilidade do signo. Em última análise, os dois fatores são solidários: o signo está em condições de alterar-se porque se continua. O que domina, em toda alteração, é a persistência da matéria velha; a infidelidade ao passado é apenas relativa. Eis porque o princípio de alteração se baseia no princípio de continuidade." (Saussure, F. Op. cit.: 89.).

[27] Saussure, F. Op. cit.: 141.

[28] Saussure, F. Op. cit.: 143.

[29] Saussure, F. Op. cit.: 143.

[30] Milner, J-C. (1987) *O amor da língua.* Porto Alegre: Artes Médicas, p. 32.

E o contorno possível para essa surpresa, causada na irrupção de uma imprevisibilidade no cruzamento do eixo sintagmático e paradigmático foi portanto, a restrição da "liberdade do sintagma". Dessa maneira, caberia à língua e não à fala a gênese dos sintagmas que possuíssem uma ortopedia regular e ficaria reservada à fala a liberdade de combiná-los.

Esse é o ponto onde podemos ultrapassar essa síntese insuficiente da obra de Saussure, que nesse contexto faz-se indispensável, pois serão esses os elementos contidos em suas idéias que contribuirão para o arcabouço de todo um conjunto de concatenações emergentes, ainda na primeira metade do século XX, portador da veia estruturalista.

A influência da obra de Saussure na produção das idéias desse século terá particular repercussão na cidade das luzes, onde o pensamento estruturalista, apesar de não portar uma unidade, floresce com todo vigor, tomando a Lingüística como paradigma no terreno das ciências humanas, também chamadas ciências do signo.

O signo de Saussure, tratado na contemporaneidade da descoberta freudiana, será abordado pelos estudiosos da linguagem, dentre os quais destacam-se Lévi-Strauss, Jakobson, Barthes, Foucault, Lacan e Althusser, cada um em seu domínio.

Sobre o mestre genebrino, vale a pena citar ainda o epônimo de Jakobson: "O símbolo opera, antes de tudo, por contigüidade instituída, apreendida, entre significante e significado. Esta conexão 'consiste no fato de que constitui uma regra' e não depende da presença ou da ausência de qualquer similitude ou contigüidade de fato"[31].

Dessa forma, aparece a relação da barra entre significante e significado, como o que determina a ligação na forma de uma regra.

---

[31] Jakobson, R. (1995) *Lingüística e Comunicação.* São Paulo: Cultrix, p. 101.

O INCONSCIENTE FREUDIANO

O inconsciente freudiano é uma inscrição que redimensiona toda a engrenagem do conhecimento registrado.

Viena, fim de século. É preciso situar o terreno onde a palavra inconsciente fará um estrondo no ouvido da humanidade, tão grave quanto o fizeram as descobertas de Copérnico e Darwin, como costumava apontar o pai da Psicanálise.

Na Áustria, a contradição era uma marca registrada nas últimas décadas do século XIX. Cosmopolitismo e provincianismo altercavam-se em circunstâncias políticas adversas, onde o cenário artístico exibia, ao mesmo tempo, conservadorismo e vigorosas inovações. No entanto, de um lado ou de outro da elegante contradição, fitava-se um fervor rigoroso na defesa das idéias. A tradição e a estirpe da comunidade científica eram representadas pelos renomados doutos que seguiam os ensinamentos de causalidade e determinismo, advindos da escola de Helmholtz.

Foi naquela Viena que cresceu o jovem Sigmund, filho predestinado da família dos Freud, o qual, desde menino, identificava-se com os vaticínios de um lugar eminente na história. Porém, por mais ambiciosa que houvesse sido a leitura desse judeu de Freiberg, dos desejos que o situaram no mundo, ele próprio se surpreende com a revelação que terá que impor à humanidade.

Fascinado por Alexandre Magno desde a infância e já altivo pensador, curioso e instigado pela leitura da teoria da evolução das espécies de Charles Darwin, Freud incorrerá na Medicina, depois de desistir do Direito, o que não lhe retira as antigas identificações com o grande estrategista de guerra. Terá mesmo, tempos mais tarde, de levar adiante uma grande batalha consigo próprio e com a humanidade, o que lhe custará uma longa solidão em relação à comunidade científica que compunha a nata da intelectualidade de seu tempo.

Como está posto, os elementos da formação de Freud eram modernos, assentados no positivismo cartesiano e continham a exigência de método e rigor científico. A Escola de Helmholtz lhe legava o modelo infalível do estimado professor Brücke, de quem estará sob a orientação por um período bastante significativo, no qual exercita largamente a disciplina científica.

Portanto, os preceitos positivistas operavam em suas construções e jamais sossegou ou desistiu de tentar inserir a Psicanálise no campo do científico.

Mas como é que a personagem de Freud irá se inserir no conjunto da história do conhecimento com esses instrumentos, se aquilo que aí inscreverá será uma verdadeira ruptura com tudo o que, até então, estava posto?

No século XVII, Descartes deflagra a centelha da "ciência moderna" com a teoria do Cogito. Em certa medida, essa teoria ratifica, ao mesmo tempo que ultrapassa, o pensamento da antigüidade grega. Para ele, não importa o que constitui o conteúdo do pensamento humano, nem sequer que ele seja falso; a única coisa a considerar é que há pensamento, ou melhor, que existe uma realidade – a do ato de pensar – que é uma proposição impossível de colocar em dúvida. Ora, admitir a certeza do Cogito, para além da busca de um pensamento que seja verdadeiro, é um passo que dará impulso a toda uma gama de construções filosóficas, a qual irá reformular todo o teor da metafísica e inaugurar uma operação que exigirá sublinhar os efeitos reveladores das oposições. Uma verdade que se estabelece entre os termos de pensamentos opostos é o que produz esse corte cartesiano, derivando na Dialética, que encontra sua máxima formulação no século XIX, com Hegel.

No entanto, se a dialética pós-cartesiana conforma-se nessa báscula de uma topologia, onde as oposições tomam seu sentido no rumo das evidências, o "Cogito ergo sum"[32], tomado pela construção empírico-racionalista, efetivará uma exigência de não-contradição.

---

32 "Penso, logo sou". Descartes, R. (1973) Meditações. In: *Os Pensadores. Vol. XV.* São Paulo: Abril Cultural.

De um ponto a outro, as especulações sobre a verdade não tiveram trégua, fazendo da cultura o lugar da máxima interrogação e produzindo uma atitude moral como condição de existência da ciência.

Porém a verdade alheia à ordem da ciência é arredia e não se deixa apreender pela suposição de que seja possível encontrá-la e capturá-la, embora a ciência não se canse de negar a evidência indefectível de que a verdade é sempre parcial e relativa.

De Descartes a Freud são dois séculos até que a estabelecida ciência moderna viesse a encarar o inconsciente freudiano, o qual anuncia uma verdade tecida de ignorância.

Freud era um racionalista, o que fará com que a Psicanálise decorra da ciência e com que, só por isso, tenha se tornado possível. Ele exercia a Medicina quando é atravessado pelo enigma da histeria. O espírito científico o leva a uma investigação rigorosa, que contraria os adeptos de uma posição simplista sobre o problema. Mas é possível a Freud recorrer aos ensinamentos de Charcot, que avançava na compreensão do fenômeno histérico. No entanto, a abordagem de Charcot era uma visada que, apesar de ultrapassar o ponto letárgico onde ancorava a Medicina a propósito desse assunto, tinha seu alcance limitado. Conceber o tratamento da histeria pela via da hipnose não foi suficiente às inquietações de Freud.

Certamente que, a essa altura, nosso médico vienense se afastava das referências dispostas pela Medicina. Estava, então, em apuros, pois a questão que o conduzia não possuia seu lastro preparado. Foi sua própria neurose que lhe forneceu as peças para que decifrasse um mistério digno da esfinge.

Inconsciente. É assim que Freud denominará a resposta ao enigma. Mas o que vem a ser o inconsciente freudiano?

Um lugar. Um lugar onde transcorre a dinâmica da subjetividade[33], a qual Freud nomeia de complexo de Édipo.

O Édipo que se reedita com Freud não é uma nova versão da tragédia grega, mas uma ordenação que regula o desejo nesse lugar fundado pela Psicanálise. Portanto, o Édipo freudiano é uma estrutura

[33] Num certo sentido, o termo subjetividade aplicado à psicanálise altera seu emprego até então como referente da consciência.

que se inaugura como efeito da castração. Castração que é uma operação posta em curso, pela lei que constitui o complexo subjetivo. Dessa maneira é que se dá a fundação do humano e o estabelecimento de uma relação que é, essencialmente, uma relação com a linguagem.

O lugar que a Psicanálise funda, um Outro lugar, é descrito por Freud em um texto pouco lido pelos analistas, talvez por ter sido admoestado pelo próprio autor. "Projeto Para Uma Psicologia Científica" é um texto que contém todo o trabalho ulterior de Freud e que, de uma maneira muito peculiar, poderia representar uma espécie de síntese de toda sua obra.

A articulação de Freud altera radicalmente a perspectiva cartesiana do sujeito, como lugar da verdade e do conhecimento. Nessa perspectiva, o desejo assume estatuto de estorvo do pensamento, conturbando a ordem e impossibilitando a isenção de erros, que se apresentam por não ser a alma puramente cognitiva.

O sujeito da Psicanálise é descentrado, no sentido de que ela não irá tratar do sujeito da verdade e sim da verdade do sujeito, que é da ordem de um sujeito do desejo, o qual o positivismo racionalista dejetou.

Mas o inconsciente não é uma coisa a que se possa atribuir um valor de existência incontestável; ele não é uma coisa e por essa razão contrariou muitos, inclusive homens da ciência. O inconsciente é uma determinação que incide sobre toda a subjetividade. Alain Juranville diz assim: "O inconsciente é psíquico. Em outras palavras, para Freud, é constituído de representações. Não é de modo algum certo que essa noção convenha ao inconsciente, e deveremos inclusive mostrar, na 'representação', algo de contraditório à idéia do inconsciente. E, com a representação, ele não faz mais do que retomar uma tradição bem estabelecida para determinar o que é psíquico"[34].

Voltemos ao Projeto para acompanhar a caracterização que Freud fará do inconsciente em sua fundação. O texto se divide em três partes.

Na primeira, ele apresenta o "esquema geral" e descreve o "regime do inconsciente" submetido aos processos ditos por ele, "primários". Os processos primários são regidos pelo princípio do prazer,

---

[34] Juranville, A. (1987) *Lacan e a Filosofia.* Rio de Janeiro: Jorge Zahar Editor, p. 23.

onde, segundo ele, encontram-se o motor do funcionamento psíquico e o ponto de mirada da ação humana, o que ele falará na segunda parte, junto à psicopatologia da histeria. A última parte trata dos processos psíquicos normais, fazendo uso do "sonho da injeção de Irma"[35] para afirmar a especificidade do objeto do desejo, que fundamenta seu argumento.

Falar em princípio do prazer não significa dizer que o prazer estava no princípio, mas sim que o prazer se faz princípio ao acontecer e isso é o que Freud chamará de experiência de satisfação.

É importante percorrer as vias desse texto para acompanharmos o terreno da fundação do inconsciente na mente de Freud. Esse percurso deve partir da introdução feita por ele: "A finalidade deste projeto é estruturar uma Psicologia que seja uma ciência natural: isto é, representar os processos psíquicos como estados quantitativamente determinados de partículas materiais especificáveis, dando assim a esses processos um caráter concreto e inequívoco. Há duas idéias principais em jogo: (1) Aquilo que distingue a atividade do repouso deve ser considerado como Q, sujeita às leis gerais do movimento. (2) Os neurônios devem ser encarados como partículas materiais"[36].

É fundamental atestar que os elementos que Freud utiliza para a construção do Projeto não são de caráter comprovadamente científico. Ele utiliza um modelo da Física, mas está distante de um manejo apurado dessa ciência, assim como os neurônios descritos por ele não coincidem com os conceitos da Histologia dessa época. Tal divergência, no entanto, não fere os fundamentos dessa hipótese freudiana, posto que o modelo criado ganha aí valor de metáfora.

Retornemos às noções postas em questão.

De maneira sucinta, o funcionamento desse aparelho se dá da seguinte forma: os neurônios tendem a se livrar de uma (Q) quantidade da qual estão investidos. No entanto, diante de um estímulo interno (Q'η)

---

[35] O "sonho da injeção de Irma", ocorrido em 23 de julho de 1895 (ano da redação do Projeto), foi o primeiro sonho analisado por Freud profundamente e abre a "*Traumdeutung*".

[36] Freud, S. (1977[1886-99]) Projeto para uma psicologia científica. In: *Edição Standard Brasileira das Obras Psicológicas Completas de Sigmund Freud. Vol. I. Publicações pré-psicanalíticas e esboços inéditos.* Rio de Janeiro: Imago, p. 395.

os neurônios comportam-se diferentemente do encontro com um estímulo externo (Q). À aproximação com os primeiros, é impossível uma resposta como a que se produz diante dos últimos, desde que, para esses, a solução pode ser uma descarga. Com os estímulos internos, a operação que regula o desprazer causado pela acumulação da tensão é de outra ordem, essencialmente psíquica, e exige que se realize uma ação externa por ele chamada de ação específica. Ou seja, para uma criança que chora com um desconforto é preciso que algo externo responda a seu choro, à sua demanda, nomeando o desconforto, por exemplo, fome, e executando uma ação específica, alimentá-la.

Uma operação como essa erige conseqüências fundamentais, que serão responsáveis pelo surgimento de uma ética própria à Psicanálise.

As necessidades internas constituem urgências da vida e produzem a ação específica com pequenas quantidades de energia retidas com essa finalidade. Acontece que a resposta à urgência da vida não é forjada no próprio aparelho, é preciso que um Outro venha responder ao apelo.

Disso se depreende que o humano é fundado pelo desejo do Outro, na medida em que será o Outro que significará o desconforto que apela por uma satisfação vital.

Em linhas gerais, efetiva-se dessa maneira a formulação de Freud, deixando de fora, aqui, um grande esforço feito por ele na demonstração de operações para as quais utilizará vários termos e noções.

Lacan reconhece, no Projeto, a chave para os elementos estruturais da Psicanálise, sublinhando que está dada, nesse texto, a descrição da fundação do simbólico.

Revisitemo-lo com a lanterna de Lacan.

Este Outro que efetiva a "ação específica" relacionada à urgência da vida, não é um outro qualquer. É um Outro ao qual é atribuída a possibilidade de produzir uma ação vital, em resposta a uma demanda. Portanto, a posição que ocupa no complexo é uma posição assimétrica à do sujeito em questão.

Lacan, então, dirá que no ponto de fundação do humano está o simbólico, pois esse objeto que cessa a tensão nomeada pelo Outro retornará num tempo seguinte, como registro de memória, no momento em que se repete a tensão no aparelho. O aparelho psíquico retém como um traço de memória, segundo Freud, o objeto da satisfação e lança mão dessa representação alucinando-o diante do retorno da tensão. O que se faz presença na ausência e ausência na presença, pois o objeto primordial jamais será reencontrado, eis aí o estatuto do simbólico.

Mas, é nesse ponto que se introduz o que Freud chamará de "princípio de realidade" fazendo com que o objeto alucinado seja reconhecido como incapaz de nutrir, por exemplo. A sinalização do "princípio de realidade" é mais uma vez regida pelo "princípio do prazer", pois o objeto alucinado não diminui a tensão e, caso o reconhecimento não se faça, o sujeito morre.

Essa sinalização do "princípio de realidade" se fará por meio de signos de realidade, que apontarão os objetos selecionados pelo "princípio do prazer" para satisfazer a tensão. Ou seja, o aparelho psíquico é presidido pelo "princípio do prazer", em seu determinismo.

Portanto, coloca-se em Freud o problema da repetição, na medida em que esse aparelho conduzir-se-á em suas determinações do princípio do prazer, guiado sempre pela busca de repetição da primeira experiência de satisfação. Ou seja, a realidade sofre com Freud uma torção em relação a todo o pensamento metafísico e filosófico, estatuindo-se em sua precariedade sujeita aos imperativos inconscientes.

Podemos ver que, com Freud, a ação humana é marcada em sua fundação, por uma operação efetuada pelo registro primário em sua inconsciência e que busca sempre o objeto forjado pelo Outro, o qual será, incessantemente, procurado para repetir a experiência de satisfação.

Mas é importante destacar, neste ponto, o lugar que Freud reserva à fala como ação específica: "Também merece ser considerado o desenvolvimento biológico dessa [espécie de] associação, tão importante. A inervação verbal é a princípio uma via de descarga que atua como válvula de segurança para ψ, servindo para regular as oscilações de $Q'\eta$, é uma parte da via que conduz à mudança interna, que representa o único meio de descarga enquanto não se haja descoberto a ação específica. [...]. Essa via adquire uma função secundária ao atrair a atenção da pessoa auxiliar (geralmente o próprio objeto de desejo) para o estado de necessidade e aflição da criança; e desde então servirá ao propósito da comunicação, ficando incluída assim na ação específica. [...] quando se inicia a função judicativa as percepções despertam interesse devido à sua possível conexão com o objeto desejado, e seus complexos são decompostos em um componente (a coisa) não assimilável e uma porção, conhecida do ego através de sua própria experiência (atributos, atividade)"[37].

No entanto, é da natureza dessa comunicação estar fadada ao engano desde sempre, posto que está no cerne de tal problemática a assimetria que perpassa a demanda e sua resposta, advinda de outra demanda, constituindo o irredutível do desejo. Desejo destituído, para a Psicanálise, do que estabelece toda uma reflexão ética que subjugou a ação humana à procura do bem. Com efeito, como nos diz Safouan, "o seu bem, o seu verdadeiramente bem – a sua *Wunschvorstellung* ou representação do seu desejo – o sujeito, de início, não sabe o que é, nem mesmo se existe"[38].

Está posto, dessa forma, o princípio do inconsciente em sua radicalidade de desconhecimento, conquanto regido por uma lei extremamente articulada e que não é outra que a lei do desejo, ao contrário do que preconiza o pensamento cartesiano, que o expurga como aquilo que conturba a lei da cognição, enquanto certeza do ser.

E podemos afirmar, com Lacan, que a Lei que Freud revelou por meio desse mito que é o Projeto não é outra que uma lei de linguagem articulada pela castração.

Esse é o ponto de encontro da Psicanálise com as chamadas ciências do Signo que proliferam no âmbito do Estruturalismo, a saber, a afirmação do homem constituído pela linguagem, que a Psicanálise aponta como sujeito dividido, sujeito do inconsciente, fundado pela castração num complexo que prefigura uma estrutura imbricada e que Lacan formalizará em seus esquemas topológicos.

---

[37] Freud, S. Op.cit.: 480-481.

[38] Safouan, M. (1970) *Estruturalismo e Psicanálise*. São Paulo: Cultrix, p. 25.

CAPÍTULO II

Sistemas em pensamento

SISTEMAS EM PENSAMENTO – INTRODUÇÃO

A evolução do conceito de símbolo que culmina na Lingüística saussureana e no inconsciente freudiano são os elementos paradigmáticos do Estruturalismo, nos quais Lacan irá mergulhar para construir o primeiro tempo de sua obra.

No entanto, é imprescindível conhecer alguns princípios, fundamentais, forjados entre os séculos XVIII e XIX, na Literatura, na Filosofia e na Ciência, para acompanhar o sincopado que destitui um humanismo, defensor da consciência como legisladora da ética e da estética. O sopro das novas idéias que atravessam o século natalício de Freud revela muito dos elementos da engrenagem do sistema que ele edificará.

Freud, de maneira muito particular, articula o conhecimento sobre o homem a partir de um modelo filológico e lingüístico, ultrapassando, radicalmente, a fenda entre positivo e negativo. O que até então era tomado numa perspectiva que apartava normal e patológico, compreensível e ininteligível, significante e não-significante, vem com ele adquirir estatuto de norma, de leis que regem um sistema. Dessa forma, o conhecimento que visa a função e a significação sofre um deslocamento que reconduz o problema das representações nas ciências humanas.

Se fica patente a impossibilidade de tratar as representações de forma a que sejam incontestáveis as propriedades do inteligível e da consciência, então fica posto que o século XIX é o século da referência do inconsciente e da tônica às representações e suas leis. Isso nos é apontado por Michel Foucault que, tão precisamente, trata do problema epistêmico, mostrando a estreita relação entre as idéias que compõem uma circunscrição científica em um determinado tempo[39]. Nesse sentido,

[39] Ver adiante Capítulo III.

os sistemas de pensamento surgidos no século XIX colocam-nos diante de uma certa combinatória sincrônica, de efeitos marcantes na construção de um campo, as ciências humanas, que se altera em suas partes saindo de um fechamento de autonomia isolada para um conjunto onde desfaz-se quanto a uma cisão de valores.

Em meados do século XX, as obras de Goethe, Hegel, Darwin, Kierkegaard, Marx, Nietzsche e Einstein serão relidas, na França, por todo um segmento de intelectuais preocupados com o humano. Tomando como alteridade as letras de Freud e Saussure, esse contingente irá recolocar as questões anteriormente postas pelos pensadores do século antecedente, que por sua vez contêm as marcas das recombinações sincrônicas da construção que abasteceu o pensamento ocidental.

Entre os célebres visionários, Lacan se destaca e demonstra, com os novos instrumentos epistêmicos, pela vereda da releitura do "Projeto para uma Psicologia científica" de Freud, como a ação humana se funda inconscientemente na complexa problemática do desejo.

Vejamos, de maneira sucinta, alguns desses princípios.

Goethe – "Mehr licht"

"Em tudo está presente o eterno."
Goethe

Meados do século XVIII, 1749, nasce Johann Wolfgang von Goethe. Conhecido como o Dante moderno, o poeta alemão era dotado de uma sofisticada erudição que reunia o pensamento de sua época, resumindo-o numa poesia que anuncia o homem moderno.

O século de Goethe é marcado por acontecimentos que alteram a marcha e determinam um novo rumo à História. Em 1789, a França vive sua revolução num clima de fervor entusiástico, entre intelectuais do país e de todo o contingente europeu. Em 1792, novos ventos sopram nessa terra, derrubando a Monarquia e soerguendo a República. Esse fluxo culmina com o terror que acomete a nação no ano seguinte. Centenas de vítimas são guilhotinadas, encerrando o momento sinistro com o declínio dos ideais pacifistas e humanitários do século das luzes.

Napoleão subverte, a partir de 1804, toda a estrutura política do velho mundo, instalando um outro estilo despótico.

No entanto, já em 1770, a Alemanha deflagrara um movimento conhecido como "*Sturm und Drang*", Tempestade e Ímpeto. Essa nomeação decorre de Friedrich Maximilian Klinger, tendo os dois termos sido aplicados como formação de uma hendíadis, figura de retórica em que substantivos podem ser usados como conceito único, podendo um dos termos ser subordinado ao outro, ou seja, ímpeto tempestuoso ou tempestade de sentimentos.

Esse movimento tinha em seu fundamento, entre outras coisas, que "À concepção deísta da divindade como Intelecto ou Razão Suprema, própria do iluminismo, começa a se contrapor o panteísmo, ao passo que a religiosidade assume novas formas que, em seus pontos extremos, expressa-se no titanismo paganizante do Prometeu de Goethe ou no titanismo cristão da santidade e do martírio de certas personagens de Michel Reinhold Lenz (1751 –1792)"[40].

Por esse caminho Goethe é considerado por alguns o protagonista do movimento que foi precursor das idéias proclamadas pela revolução francesa no terreno político. No entanto, outros, ao contrário, apontam o *"Sturm und Drang"* como operador de uma reação antecipada à revolução de 1789. De qualquer forma, o fluxo que essa empreitada evoca retira a Alemanha do longo período de apatia no campo das idéias.

A referência ao classicismo é patente na formação do espírito dessa época, no entanto, para os *"Sturmer"* e, em especial, para Goethe, o retorno ao clássico tinha o propósito de escapar da abordagem iluminista que o mantinha como modismo, numa tomada repetitiva e estéril. Assim é que afirma Winckelmann: "Para nós, o único caminho para nos tornarmos grandes e, se possível, inimitáveis, é a imitação dos antigos"[41]. Da tempestuosidade do *"Sturm"* com os limites, enquanto elemento próprio do pensamento grego, surge o Romantismo, que exercerá grande influência, não só na arte como também na Filosofia, especialmente no sistema criado por Hegel a partir da Dialética e da Lógica.

Goethe é considerado o maior poeta alemão. Sua obra, apesar de, ao contrário da de Schiller, não efetivar relações específicas com a Filosofia, irá conter inúmeras idéias filosóficas e será referência para os românticos.

O Romantismo distancia-se do Iluminismo na medida em que aponta em sua reflexão uma ordem que dista do empirismo e do culto à percepção dos sentidos e da cognição. Não é uma corrida pelo científico, no sentido das leis gerais que definem apenas posta pelo uma realidade objetiva, o que se encontra no Romantismo, mas uma perspectiva que afirma a multiplicidade das realidades, em torno da consciência subjetiva e da singularidade de cada objeto.

A ressonância simbólica da realidade é elemento fundamental para os românticos e configura as alterações e complexidades dos significados em diversos níveis, inclusive nos antitéticos. Portanto, a

---

[40] Reale, G. & Antiseri, D. (1991). *História da filosofia: do Romantismo até nossos dias. Vol. III.* 3ª.ed. São Paulo: Paulus, p. 14.

[41] Reale, G. & Antiseri, D. Op.cit.: 16.

cientificidade que aufere a partir da realidade unívoca e concreta iluminismo é combatida pelo Romantismo, que defende que essa realidade científica é, em seu cerne, simbólica e que seus símbolos são de uma ordem mecanicista, material e impessoal.

O conceito de científico do Iluminismo é, dessa maneira, posto em questão pelos românticos: "O literalismo do moderno espírito científico era uma forma de idolatria – que miopemente venerava um objeto ininteligível como a única realidade, em vez de nele perceber um mistério, receptáculo de realidades mais profundas"[42].

Goethe lidera um movimento, *"Naturphilosophie"*, que tinha o objetivo de soldar o empírico à intuição espiritual, constituindo uma ciência que ultrapassava a ciência newtoniana. Para ele, era impossível abstrair a natureza apartando-se dela e construindo abstrações. Era preciso reconhecer que esse caminho subtraía, com a ilusão parcial que captava da realidade, elementos cuja profundidade havia se esvaído através de um filtro inconsciente: "Parece que o constante estudo da física induziu o autor a esse título singular. Ele deve ter observado que, na física, muitas vezes, nos servimos de exemplos práticos para aproximar do alcance da ciência humana algo que esteja distante; dessa maneira pretendeu também aplicar, num caso moral, uma forma química, sublinhando-a à sua origem espiritual, tanto mais que a natureza é uma só. Através dos serenos domínios do livre arbítrio, arrastam-se, incessantemente, os vestígios da sombria e impulsiva necessidade, que somente com o auxílio de uma força superior e, decerto, não nesta vida, serão completamente apagados"[43].

É preciso ressaltar a concepção goethiana da natureza: "[...] que é uma forma de organicismo levado às suas últimas conseqüências. A natureza é toda viva, até nos seus mínimos particulares. A totalidade dos fenômenos é vista como produção orgânica da 'forma interior'"[44].

---

[42] Tarnas, R. (1999). *A epopéia do pensamento ocidental: para compreender as idéias que moldaram nossa visão de mundo.* Rio de Janeiro: Bertrand Brasil, p. 396.

[43] Comentário realizado por Goethe ao anunciar o aparecimento do romance "Afinidades eletivas", no "*Morgenblatt*" em 4 de setembro de 1809 e publicado no prefácio à edição brasileira do referido romance. (Goethe. (s.d.) *Afinidades eletivas.* Rio de Janeiro: Ediouro, p. 25).

[44] Reale, G. & Antiseri, D. (1991). 3ª.ed. *História da filosofia: do Romantismo até nossos dias. Vol. III.* São Paulo: Paulus, p. 40.

Esses elementos, certamente, irão encher os olhos de Freud, que irá afirmar no discurso que prepara quando recebe o prêmio Goethe, em 1930: "Penso que Goethe não teria rejeitado a psicanálise num espírito inamistoso, como tantos de nossos contemporâneos fizeram. Ele próprio dela se aproximou numa série de pontos; identificou, através de sua própria compreensão interna, muita coisa que pudemos confirmar, e certas opiniões, que nos acarretam crítica e zombaria, foram por ele expostas como evidentes por si mesmas. Assim, estava familiarizado com a força incomparável dos primeiros laços afetivos das criaturas humanas. Celebrou-as na Dedicatória de seu poema Fausto, em palavras que poderíamos repetir para cada uma de nossas análises: *Ihr naht euch wieder, schwankende Gestalten, /Die früh sich einst dem trüben Blick gezeigt,/Versuch'ich wohl, euch diesmal festzuhalten? [...] /Gleich einer alten, halbverklungenen Sage/ Kommt erste Lieb'und Freundschaft mit herauf*[45].

Explicou a si mesmo o impulso mais forte de amor que experimentou como homem maduro, apostrofando sua bem-amada: *Ach, du worst in abgelebten Zeiten meine Schester oder meine Frau*[46].

Assim, não negou que essas primeiras inclinações perenes assumem figuras de nosso próprio círculo familiar como seu objeto"[47].

Freud citou Goethe inúmeras vezes em sua obra, apontando, a cada vez que o fazia, que esse gigante universal uniu poesia e ciência, fazendo um tratado de sensualidade: "No que constitui talvez sua mais sublime criação poética, Iphigenie, Goethe nos apresenta um notável exemplo de expiação, da libertação de uma mente sofredora do fardo da

---

[45] "De novo chegais, ó formas adejantes! Encontro-vos, tão cedo à minha vista enevoada brilhais! Tentarei uma vez mais vos aprender e vos cingir? [...] E, como uma antiga tradição semi-extinta, o primeiro amor retorna, com a amizade em seu séqüito". (Das linhas iniciais da dedicatória do Fausto, conforme tradução inglesa de Bayard Taylor). Trecho extraído de Freud, S. (1974[1927-31]) Discurso pronunciado na casa de Goethe em Frankfurt. In: *Edição Standard Brasileira das Obras Psicológicas Completas de Sigmund Freud. O futuro de uma ilusão. O mal-estar na civilização e outros trabalhos Vol. XXI. Rio* de Janeiro: Imago, p. 242.

[46] "Ah, vós fostes, numa vida passada, minha irmã ou minha esposa". (De um poema a Charlotte Von Stein,"Warum, gabst du uns die tiefen blicke"). Freud, S. Op. cit.: 242.

[47] Freud, S. Op. cit.: 241-242.

culpa, e faz com que essa catarse se dê através de uma apaixonada irrupção de sentimento, sob a influência benéfica da simpatia amorosa. Na verdade, repetidas vezes ele efetuou tentativas de fornecer auxílio psicológico, tal como, por exemplo, ao desafortunado homem que, nas Cartas, é denominado de Kraft, e ao Professor Plessing, de quem nos fala em *Campagne in Frankreich* [Campanha na França], e o processo que aplica vai além do método da confissão católica, aproximando-se, em alguns pormenores dignos de nota, da técnica de nossa psicanálise"[48].

Freud não cessou de procurar fazer da Psicanálise uma ciência, mas, certamente, seu ideal científico tinha uma estreita relação com as idéias de Goethe sobre o científico.

Quando Lacan se propõe a uma releitura de Freud, não esquece da alteridade que Goethe representou para sua obra e dedica um texto, "O mito individual do neurótico" ou "Poesia e verdade na neurose", a uma complexa e curiosa comparação entre "O homem dos ratos" de Freud e a autobiografia de Goethe, "Poesia e verdade". O texto trata do declínio da função paterna, ao tempo que faz uma revisão estrutural do complexo de Édipo. Essa tomada estrutural do Édipo tem seu destaque no quarto elemento, que aponta, no triângulo freudiano, a morte, à qual designa um estatuto de função simbólica: "É igualmente a morte imaginária e imaginada que se introduz na dialética do drama edipiano, é dela que se trata na formação do neurótico e talvez, até certo ponto, em algo que ultrapassa de longe a formação do neurótico, a saber a atitude existencial característica do homem moderno"[49].

Sem dúvidas, Goethe abre a ala daqueles que irão erguer a questão humana de maneira a estabelecer o confronto com seus enigmas e seus horrores. O espírito poético-científico que dele emana é a chave por onde Freud irá abrir a perspectiva do inconsciente.

Lacan reconhece a inestimável contribuição de Goethe para o pensamento de Freud e lhe confere uma bela homenagem nas últimas linhas do artigo que parafraseia, no título, a nomeação da autobiografia do poeta germânico: "Não seria necessário insistirem muito para que eu diga que o que faz mediação na experiência analítica real, é algo que é

[48] Freud, S. Op. cit.: 243.

[49] Lacan, J. (1987) *O mito individual do neurótico.* Lisboa: Editora Assírio & Alvim, p. 76.

da ordem da palavra e do símbolo, e que numa outra linguagem, se chama um ato de fé. Mas seguramente, não é isto o que a análise exige, nem sequer o que ela implica. Aquilo de que se trata é antes, do registro da última palavra pronunciada por esse Goethe que não foi por acaso, deveis crê-lo, que eu trouxe hoje para aqui a título de exemplo.

De Goethe pode dizer-se que, pela sua inspiração, a sua presença vivida, extraordinariamente impregnou e animou todo o pensamento freudiano. Freud confessou que foi a leitura dos poemas de Goethe que o lançou nos seus estudos médicos e ao mesmo tempo decidiu do seu destino, mas isso é dizer pouco relativamente à influência de Goethe na sua obra. É pois com uma frase de Goethe, a última, que eu exprimirei a chave e o impulso da experiência analítica, com estas palavras bem conhecidas que ele pronunciou antes de mergulhar, de olhos abertos, no buraco negro: *Mehr licht. (mais luz)*"[50].

Assim estão dados, certamente de maneira bastante insuficiente, os elementos do pensamento de Goethe que constituem um verdadeiro sistema, no sentido da efetiva empreitada voltada para o reconhecimento dos elementos redutíveis e irredutíveis contidos na obscuridade mais profunda da forma.

[50] Lacan, J. Op. cit.: 76.

Hegel – Aufheben

O pensamento de Hegel constitui um sistema essencial para que se possa acompanhar todas as construções ulteriores nas reflexões ocidentais.

Esse sistema de engrenagem volumosa tem em sua articulação algumas conexões que mais indicam sua relação com a cultura romântica da época do que propriamente com a lógica que o sustenta.

O caráter diverso da obra hegeliana, certamente, é responsável pelas rupturas causadas entre seus adeptos. Dessa forma, estabeleceu-se entre os hegelianos uma corrente denominada de direita e outra, de esquerda hegeliana. A primeira radicalizou o sistema, enquanto a segunda o redimensionou vastamente.

Para entendermos essa oposição e suas conseqüências, situemos alguns elementos fundamentais desse sistema.

Georg Wilhelm Friedrich Hegel nasceu em Stuttgart, na Alemanha, em 1770. Foi o autor da mais complexa forma de idealismo, onde se encontra uma rigorosa tentativa de interpretar a totalidade dos fatos e da história de acordo com uma racionalização absoluta da realidade. Para ele, tudo aquilo que é real é racional e tudo o que é racional é real.

Realizou os estudos humanistas no ginásio de sua cidade natal e, nesse tempo, seu interesse pelos clássicos gregos era patente, ampliando-se cada vez mais no contínuo de seus estudos e determinando o rumo de seus pontos de vista teóricos.

Iniciou os estudos de Filosofia e Teologia com dezoito anos, um ano antes da Revolução Francesa, na Universidade de Tubinga.

Nesse tempo conhece Hölderlin e Schelling, com quem trabalhará em Jena, na fecunda época do Romantismo. Jena também é o lugar onde inaugurará sua carreira de professor de Filosofia, aos 21 anos.

Além dos estudos de Filosofia e Teologia, estudou História Política e Economia, porém seu interesse maior recaía sobre a Teologia, fazendo com que suas reflexões sobre esse assunto fossem extremamente fecundas.

O primeiro escrito publicado por Hegel foi impresso em 1801, com o título "Diferença entre o sistema filosófico de Fichte e o de Schelling", onde toma partido do segundo. Também escreveu vários artigos para o "Jornal Crítico de Filosofia", que era uma publicação sua junto com Schelling. Foi nessa ocasião que se instrumentalizou para escrever sua grande obra, "A Fenomenologia do Espírito", concluída em 1806.

No pós-guerra, Hegel dirigiu a "Gazeta de Bamberga", cidade onde morou por alguns meses, indo em seguida para Nuremberg dirigir o ginásio até 1916. Esses anos foram anos de muita produção tendo como resultado a construção de sua obra mais complexa: "Ciência da Lógica".

Em 1816 lecionou na Universidade de Heidelberg, onde escreveu: "Enciclopédia das ciências filosóficas em compêndio".

Rapidamente, consegue uma reputação considerável e recebe, em 1818, um convite prestigioso para ensinar na Universidade de Berlim, no tempo em que a cidade tornara-se centro espiritual da Europa. Nesse ano ocupa-se, intensamente, com as preparações de aulas, as quais foram registradas e publicadas por seus alunos depois de sua morte. Em Berlim, Hegel escreveu: "Lineamentos de Filosofia do Direito".

O método aplicado que Hegel utilizava em seus estudos permitiu que ele, com sua extrema tenacidade, reunisse uma gama imensa de conhecimento, diferenciando-se do modelo desordenado do romantismo e produzindo, lentamente, seu abrangente sistema de pensamento.

O espírito revolucionário de Hegel, ativado nos anos consecutivos à Revolução Francesa, sofre um avatar oposto no final de sua vida, onde encontramos uma série de posicionamentos conservadores e reacionários, embora reverente aos efeitos da Revolução, a qual reputava como uma etapa fundamental da história.

Vejamos, então, como se constituem os elementos fundamentais do pensamento de Hegel.

A produção teológica de Hegel trata de articular uma sistematização do dogma cristão com o pensamento moderno, alterando-o no sentido de suas exigências especulativas. Daí resulta a construção que está no cerne de sua dialética, a saber, o corte da realidade em opostos e a conciliação dos termos apartados em síntese superior.

Hegel caminhava em seu método lançando mão de paradoxos e preconizava a necessidade de trabalhar com os elementos enquanto operados no sistema. Assim, criticava que se partisse de bases preconcebidas.

O conjunto das idéias de Hegel abarca um eixo que se dissemina em várias direções. No entanto, é possível determinar três perspectivas em torno das quais todo o resto gira: "a) O pensar enquanto *entendimento* fica na determinidade fixa e na diferenciação dela em relação a outra determinidade; um tal Abstrato limitado vale para o pensar enquanto entendimento como [se fosse] para se subsistente e essente. [...]; b) O momento dialético é o próprio suprassumir-se de tais determinações finitas e seu ultrapassar para suas opostas. 1°) O dialético, tomado para si pelo entendimento separadamente, constitui o *cepticismo* – sobretudo quando é mostrado em conceitos científicos: o cepticismo contém a simples negação como resultado do dialético. 2°) A dialética é habitualmente considerada como uma arte exterior, que por capricho suscita confusão nos conceitos determinados, e uma simples *aparência de contradições* entre eles; de modo que não seriam uma nulidade essas determinações e sim essa aparência; e ao contrário seria verdadeiro o que pertence ao entendimento. Muitas vezes, a dialética também não passa de um sistema subjetivo de balanço, de um raciocínio que vai para lá e para cá, onde falta o conteúdo, e a nudez é recoberta por essa argúcia que produz tal raciocínio. [...]; c) O *especulativo* ou *positivamente racional* apreende a unidade das determinações em sua oposição: *o afirmativo* que está contido em sua resolução e em sua passagem [a outra coisa]. [...] o caráter do racional é, em geral, ser um incondicionado, e por isso algo que contém em si mesmo sua determinidade. Nesse sentido, o homem, antes de todas as coisas, sabe o racional; na medida em que sabe de Deus, e sabe a Deus como determinado absolutamente por si mesmo"[51].

Quanto à primeira perspectiva, ele afirmava que realidade e verdadeiro não são substância e sim Sujeito, Espírito, Pensamento. E

---

[51] Hegel, G. W. F. (1995) *Enciclopédia das Ciências Filosóficas em Compêndio (1830). Volume I.* São Paulo: Loyola, p. 159-167.

que essa afirmação só se fazia possível sob a égide dos tempos modernos, a partir do "Eu penso" kantiano. Isso equivale a dizer que realidade é atividade, processo, movimento. Ou seja, para o Espírito, infinito, princípio e fim coincidem, dinamicamente, assim como é dinâmica a relação que resume particular em universal, o ser no dever ser e o real no racional. Por esse caminho chega ao Absoluto, que se verifica como um compacto imponente da totalidade das partes, sem exclusão. Dessa forma, afirmava que o movimento do Espírito era movimento do refletir-se em si-mesmo, e determina três tempos circulares operando esse movimento: ser "em si", "ser outro" ou "fora de si" e "retorno a si" ou "o ser em si e para si". Assim é que o círculo do Absoluto acompanha esses três tempos, que serão nomeados de Idéia, Natureza e Espírito, respectivamente, produzindo a distinção relativa: Lógica, Filosofia da Natureza e Filosofia do Espírito. De onde se depreende que: "[1] O espírito é, pois, consciência em geral, – que em si compreende certeza sensível, percepção e o entendimento, – quando na análise de si mesmo retém o momento segundo o qual é a afetividade essente objetiva, e abstrai de que essa efetividade seja seu próprio ser-para-si. [2] Ao contrário, quando fixa o outro momento da análise, segundo o qual seu objeto é seu ser-para-si, então o espírito é consciência-de-si. [3] Mas, como consciência imediata do ser-em-si-e-para-si, como unidade da consciência e da consciência-de-si, – o espírito é a consciência que tem razão; [...] Essa razão, que o espírito tem, é enfim intuída por ele como razão [...]"[52].

Há ainda a concepção do negativo no tocante ao Espírito. A vida do Espírito não é a que evita a morte e sim aquela que suporta a morte e nela se mantém. O Espírito é, segundo Hegel, essa potência, porque sabe olhar o negativo face a face e deter-se junto a ele.

A segunda perspectiva é essencial para a compreensão da importância do negativo. Trata-se da dialética em sua acepção hegeliana. Hegel diverge dos românticos no método com que investiga a questão da apreensão do Absoluto. Para ele, é preciso haver mediação quanto ao acesso para o Absoluto, ou seja, a captação da verdade é absolutamente condicionada pela mediação, não acessível imediata-

---

[52] Hegel, G.W.F. (1990) *Fenomenologia do espírito. Parte II.* Petrópolis: Vozes, p. 9.

mente. Não seria com técnicas dedutivas que se captaria o infinito, nem com sentimento, nem com intuição, nem com fé. É preciso definir o método que, de maneira científica, torne plausível o conhecimento do Absoluto. Esse método, para Hegel, é a dialética, que é uma concepção antiga, tendo sido construída pelos gregos com Zenon e alcançado sua forma mais elaborada com Platão. Kant a retoma em sua "Crítica da razão pura", porém privando-a da faculdade de conhecimento, no sentido de que suas antinomias seriam insolúveis. Hegel irá adiante afirmando que, se a realidade é movimento e dinamismo, então, é preciso imprimir movimento e dinamismo às essências e ao pensamento universal. Portanto, o movimento é a natureza do Espírito e se conduz de forma circular, movimento espiral com ritmo triádico. A dialética, em seu ritmo triádico, se apresenta em três etapas, denominadas: tese, antítese e síntese ou, como ele chama mais amplamente, o lado abstrato e intelectivo, o lado dialético e o lado especulativo e positivamente racional. Sobre o primeiro ele diz: "Na filosofia crítica, o pensamento é compreendido de modo que seria *subjetivo*, e que sua determinação, *última* e insuperável, seria a *universalidade abstrata*, a identidade formal. O pensar é assim oposto à verdade, enquanto universalidade concreta em si mesma. Nessa determinação suprema do pensar, que seria a razão, as categorias não vêm em consideração. O ponto de vista oposto é apreender o pensamento como atividade somente do *particular*, e declará-lo, dessa maneira, igualmente incapaz de compreender a verdade"[53]. Sobre a dialética diz: "é esse ultrapassar *imanente,* em que a unilateralidade, a limitação das determinações do entendimento é exposta como ela é, isto é, como sua negação. Todo o finito é isto; suprassumir-se a si mesmo. O dialético constitui, pois, a alma motriz do progredir científico; e é o único princípio pelo qual entram no conteúdo da ciência a *conexão* e a *necessidade imanentes*, assim como, no dialético em geral, reside a verdadeira elevação – não exterior – sobre o finito"[54]. E sobre o momento especulativo dirá que: "[...] segundo sua verdadeira significação, não é – nem de modo provisório, nem também definitivo – algo puramente subjetivo; mas é,

---

[53] Hegel, G.W.F. (1995) *Enciclopédia das Ciências Filosóficas em Compêndio (1830). Volume I.* São Paulo: Edições Loyola, p. 139.

[54] Hegel, G.W.F. Op. cit.: 163.

antes, expressamente, o que contém em si mesmo, como suprassumidas, aquelas oposições em que o entendimento fica [imobilizado] – por conseguinte, também a oposição de subjetivo e objetivo, e justamente por isso se mostra como concreto e como totalidade"[55].

De outra forma, é possível dizer que uma tese, um sistema de pensamento seja contestado por um outro, sua antítese, e que essa contradição ou tensão entre os dois seria resolvida numa síntese. Mas o ponto onde a síntese se estabelece não é o fim desse circuito. A síntese torna-se o ponto de partida para que a tríade mais uma vez se relance. A dialética, portanto, conforma um movimento circular incessante.

A terceira e última perspectiva dessa tomada diz respeito à dimensão especulativa. É certo que já se encontravam no pensamento antigo o primeiro e o segundo tempo do movimento dialético, no entanto, o momento especulativo seria a reafirmação do positivo, que se realiza mediante a negação do negativo próprio das antíteses dialéticas. Vejamos como isso se opera num exemplo, se tomarmos: "A relação verdadeiramente universal e pura do saber seria uma relação com algo não *oposto*, [uma relação] consigo mesmo; mas o *agir*, pela oposição que nele é essencial, relaciona-se com um Negativo da consciência, com uma efetividade *em si essente*. Em contraste com a simplicidade da consciência pura, com o *Outro* absoluto ou a variedade multiforme *em si*, essa efetividade é uma pluralidade absoluta de circunstâncias que se divide e estende até o infinito: – para trás em suas condições, para o lado em seus concomitantes, para frente, em suas conseqüências"[56]. Nesse ponto, Hegel afirmava ser o momento de superar, o tempo de tirar-e-conservar, sua "*aufheben*"[57]. As proposições filosóficas deveriam ser "proposições especulativas", ou seja, deveriam expressar o movimento dialético sendo estruturalmente dinâmicas.

Estas são, de maneira geral e certamente insuficiente, as bases do gigantesco sistema de pensamento forjado por Hegel, que terão conseqüências decisivas no devir.

---

[55] Hegel, G.W.F. Op. cit.: 168.

[56] Hegel, G.W.F. (1990) *Fenomenologia do espírito. Parte II.* Petrópolis: Vozes, p. 125.

[57] A palavra *aufheben* do alemão tem o duplo sentido negativo e positivo de tirar, negar e conservar.

Hegel morreu em 1831. Cem anos depois, um psiquiatra francês escreverá uma tese sobre a Paranóia, que o conduzirá a uma leitura da obra hegeliana.

Lacan, antes da publicação de sua tese, tinha como referências filosóficas a Fenomenologia de Husserl e de Jaspers, assim como uma ligação especial com a obra de Spinoza. Porém o teor das referências daqueles que se interessam sobremaneira por sua tese é voltado para o surrealismo e para o comunismo. Essa interlocução de Lacan o leva, então, a introduzir-se no materialismo hegeliano-marxista e, algum tempo depois, engajar-se no ensino de Kojève e de Koyré, sobre a Fenomenologia do Espírito. Por esse tempo, como nos lembra Elizabeth Roudinesco, encontramos no vocabulário de Lacan termos como "revolução teórica", "civilização burguesa", "superestrutura ideológica", "necessidades materiais", etc.

Na França havia uma tendência no meio intelectual de aclamar o kantismo, em favor de um dever moral, que solidificava uma teoria racional do conhecimento. Hegel era desconhecido, quando não rejeitado, e sua obra considerada atéia, imoral e fatalista. Era objetado por preconizar uma doutrina do nada ser, por afirmar o nada do devir que apontava a certeza da morte.

No entanto, foi necessário para todos aqueles que mergulharam na moderna concepção husserliana recorrer à sua fonte, e essa não era outra senão a Filosofia de Hegel. Isso ocorre em torno do centenário da morte de Hegel, que provoca um novo elã na direção de uma leitura do filósofo germânico, associando-a à leitura de Freud.

Os dois nomes que encarnarão a transmissão do hegelianismo em Paris são Koyré e Kojève. O primeiro era possuidor de um grande gênio filosófico, enquanto que o segundo detinha uma capacidade extraordinária para fazer com que os conceitos e a abstração tivessem um destino lúdico e pessoal em seu ensino.

Lacan afirmava que devia a Kojève a introdução de seu conhecimento de Hegel. O modo como esse interpretava Hegel e seu lugar na história do pensamento foi assim traduzido por Roudinesco: "Hegel mostrava que o itinerário da consciência era um movimento: para que esta se tornasse espírito, era preciso que aceitasse desaparecer como sujeito certeza, a fim de ceder lugar ao trabalho do espírito enquanto verdade sem sujeito. Desse movimento, Kojève dava uma interpretação antropológica, marcada pela dupla leitura de Marx e de Heidegger. Para ele, tratava-se de pôr em cena uma teoria do homem histórico como sujeito nadificador, exercendo sua negatividade através das formas conjuntas da luta e do trabalho, e de defini-lo como sujeito de um desejo que sua natureza mesma condenaria a permanecer insatisfeito"[58].

O encontro de Lacan com Kojève resulta em alguns traços de identificação com esse mestre, dentre os quais a transmissão de um saber pela via oral. Esse encontro, também, é responsável pelo afastamento de Lacan da referência fenomenológica na psiquiatria e pela aproximação de uma nova concepção da fenomenologia, da verdadeira fenomenologia, a saber, a de Hegel, Husserl e Heidegger, que haviam transformado a Filosofia.

Há ainda, dessa relação entre o filósofo e o psicanalista, uma passagem importantíssima. Kojève e Lacan fizeram um projeto para escrever um trabalho que deveria se chamar: "Hegel e Freud: ensaio de uma confrontação interpretativa". O trabalho não foi adiante, tendo ficado inconcluso, constando apenas de quinze páginas escritas por Kojève, onde constam nada menos que uma teoria sobre o eu [*je*] como sujeito do desejo, o desejo como revelação da verdade do ser e o eu [*moi*] como lugar da ilusão e fonte de erro.

Portanto, é relevante que as construções de Lacan que teorizam sobre o sujeito, a partir de 1936, sejam produto do encontro com o mestre hegeliano de toda uma geração. Dessa maneira, Lacan produz uma teoria do sujeito bastante sofisticada, que injeta na obra freudiana uma leitura de Hegel, a partir de Kojève.

Mais tarde, surge no cenário francês uma outra personagem importante na história do hegelianismo, nesse país. Trata-se de Jean Hyppolite, que traduz em dois volumes a "Fenomenologia do Espírito" para o francês, abrindo outra frente de leituras de Hegel.

Hyppolite é um dos interlocutores prezados por Lacan e fará, em 1954, uma intervenção em seu seminário a propósito da *Verneinung* freudiana, a Denegação. Esse debate com Hyppolite acontece quando

---

[58] Roudinesco, E. (1994) *Jacques Lacan, Esboço de uma vida, história de um sistema de pensamento*. São Paulo: Companhia das Letras, p. 115.

Lacan já está situado no circuito estruturalista e é o marco de suas definições que apontam para uma crítica à Filosofia, no sentido do impasse, que para esta se constitui, diante da existência do inconsciente freudiano.

Lacan não deixou de afirmar a importância da referência filosófica para a formação analítica. Na verdade, opôs-se aos cânones da IPA, defendendo essa posição, e buscou, incessantemente, o diálogo com os intelectuais da Filosofia, interlocução essa que irá sulcar partes fundamentais na construção de seu sistema de pensamento.

DARWIN – O SEGUNDO GOLPE

A autobiografia de Freud revela-nos a influência exercida por Goethe e Darwin sobre ele: "Nem naquela época, nem mesmo depois, senti qualquer predileção particular pela carreira de médico. Fui, antes, levado por uma espécie de curiosidade, que era, contudo, dirigida mais para as preocupações humanas do que para os objetivos naturais; eu nem tinha apreendido a importância da observação como um dos melhores meios de gratificá-la. Meu profundo interesse pela história da Bíblia (quase logo depois de ter aprendido a arte da leitura) teve, conforme reconheci muito mais tarde, efeito duradouro sobre a orientação do meu interesse. Sob a influência de uma amizade formada na escola com um menino mais velho que eu, e que veio a ser conhecido político, desenvolvi, como ele, o desejo de estudar direito e de dedicar-me às atividade sociais. Ao mesmo tempo, as teorias de Darwin, que eram então de interesse atual, atraíram-me fortemente, pois ofereciam esperanças de extraordinário progresso em nossa compreensão do mundo; e foi ouvindo o belo ensaio de Goethe sobre a Natureza, lido em voz alta numa conferência popular pelo professor Carl Brühl pouco antes de eu ter deixado a escola, que resolvi tornar-me estudante de Medicina"[59].

A obra de Freud contém uma série de referências às descobertas darwinianas. Essa impressão causada por Darwin atinge, de maneira irradiante, a todos que no século XIX assistem a seus postulados, comparados em importância aos de Copérnico.

Charles Darwin nasce em 1809 e, depois de desistir do estudo da Medicina e da eclesiástica, irá, em 1831, embarcar na expedição de

[59] Freud, S. (1974[1925-26]) Um estudo autobiográfico. In: *Edição Standard Brasileira das Obras Psicológicas Completas de Sigmund Freud. Vol. XX. Um estudo autobiográfico; Inibições, Sintomas e Ansiedade; A questão da Análise Leiga e outros trabalhos.* Rio de Janeiro: Imago, p. 18-19.

Fitz-Roy que se destinava a dar uma volta ao mundo. Sobre essa longa viagem, que durará 5 anos, ele escreverá um livro intitulado "Viagem de um naturalista ao redor do mundo". Essa viagem terá uma importância definitiva em sua vida, como declara sua autobiografia.

Daí em diante, Darwin estuda os "Princípios de Geologia" de Lyell, que na teoria do "uniformismo" ou "atualismo" define que o caminho para o estudo do passado do planeta estava na observação de forças geológicas ainda atuantes, como por exemplo, aluviões, vulcões, chuvas, vento, etc. Essa concepção aponta a existência de leis que regem a estrutura dos fenômenos terrestres remotos e que se mantêm na atualidade.

Darwin fez suas primeiras experiências na Geologia, escrevendo a respeito da teoria da formação dos recifes. Porém é na Biologia que realizará as maiores descobertas. Foi daí que resultou, a partir da distribuição geográfica de fósseis na América do Sul e da fauna dos Galápagos, a imposição de que os fatos da natureza tinham que ser explicados não pela criação especial, mas sim pelo evolucionismo.

Em sua longa vida, produzirá incessantemente. Até 1842 tratará dos resultados geológicos da viagem no Beagle, assim como dos resultados zoológicos, e escreverá o "Jornal Popular" sobre a viagem.

Depois da odisséia de pesquisas a bordo do Beagle, Darwin, em 1838, irá estudar a teoria de Malthus sobre a população. Observará que, no tocante à luta pela existência, as variações favoráveis tendiam a se conservar, enquanto que as desfavoráveis, a serem destruídas. Isto se constitui num ponto de partida. Tinha articulado um primeiro esboço por onde encaminhar os trabalhos ulteriores.

Foi a partir de 1854 que ele se dedicou completamente ao evolucionismo. Escreverá, então, os três livros que fazem uma verdadeira revolução na ciência e abalam os cânones religiosos: "Sobre a origem das espécies por meio da seleção natural ou preservação das raças favorecidas na luta pela vida", "Variação dos animais e plantas na domesticação" e "Descendência do homem e seleção em relação ao sexo".

"A origem das espécies" é publicada em 1859, afirmando que as espécies, inclusive o homem, originam-se da seleção, no ambiente, das mais adaptáveis entre as variações hereditárias existentes: "Ninguém pode, de forma alguma, supor que todos os indivíduos de uma mesma espécie sejam fundidos no mesmo molde. Estas diferenças individuais têm para nós a mais alta importância, porque como cada um pode observar, transmitem-se muitas vezes por hereditariedade; ademais, fornecem também materiais sobre os quais pode atuar a seleção natural, acumulando da mesma maneira que o homem acumula, numa direção dada, as diferenças individuais destas criações domésticas"[60].

Mas, se com a teoria da Seleção Natural se perfaz a afirmativa das diferenças dentro de uma mesma espécie, prefigura-se, concomitantemente, que há, dentro desta dinâmica das distinções, uma operação estrutural conduzindo o processo de Seleção: "Em muitos casos, a presença simultânea de condições complicadas, de longa duração, de natureza particular, atuando em conjunto, é necessária ao desenvolvimento de certas conformações, e pode ser que as condições exigidas sejam poucas vezes apresentadas simultaneamente. A opinião de que uma dada estrutura, que nós julgamos, muitas vezes sem razão, ser vantajosa para uma espécie, deve ser em todas as circunstâncias o produto da seleção natural, é contrária ao que podemos compreender de sua maneira de agir"[61].

Portanto, a obra de Darwin continha um aguçado teor de articulação estrutural. Os milhares de exemplos que distribuiu entre as 596 páginas de "A origem das espécies" e as 1030 páginas de "A descendência do homem" demonstram como o método rigoroso do cientista era sustentado por seu meticuloso trilhamento estrutural. De tão grave anúncio para a humanidade, provocou tanta inquietação que sua primeira edição, com 1250 exemplares, esgotou-se no dia em que foi colocada nas bancas de vendas.

Para além de conter uma questão intrigante a todos, do ponto de vista da questão biológica, o estonteio causado por tais afirmações, indubitavelmente, dizia respeito aos problemas morais que elas suscitavam. E, certamente, esses problemas morais não estavam contidos nas afirmações científicas que ali se anunciavam, mas, sim, estavam presentes na leitura de cada um que da obra darwiniana depreendia uma leitura ideologizada.

---

[60] Darwin, C. (s.d.[1859]) *A origem das espécies.* São Paulo: Hemus, p. 53.
[61] Darwin, C. Op. cit.: 224.

Essas leituras são produto de uma resistência da cultura, que gera um efeito onívoro a cada vez que alguma grande descoberta macula o narcisismo do homem. Sobre isso, Freud, diante do mesmo horror que causou com a descoberta do inconsciente, assevera: "A origem dessa resistência, segundo penso, situa-se em algo mais profundo. No transcorrer dos séculos, o *ingênuo* amor-próprio dos homens teve de submeter-se a dois grandes golpes desferidos pela ciência.

O primeiro foi quando souberam que a nossa terra não era o centro do universo, mas o diminuto fragmento de um sistema cósmico, de uma vastidão que mal se pode imaginar. Isto estabelece conexão, em nossas mentes, com o nome de Copérnico, embora algo semelhante já tivesse sido afirmado pela ciência de Alexandria.

O segundo golpe foi dado, quando a investigação biológica destruiu o lugar supostamente privilegiado do homem na criação, e provou sua descendência do reino animal e sua inextirpável natureza animal. Essa nova avaliação foi realizada em nossos dias por Darwin, Wallace e seus predecessores, embora, não sem a mais violenta oposição contemporânea. Mas a megalomania humana terá sofrido seu terceiro golpe, o mais violento, a partir da pesquisa psicológica da época atual, que procura provar ao ego que ele não é senhor nem mesmo em sua própria casa, devendo, porém, contentar-se com escassas informações acerca do que acontece inconscientemente em sua mente. Os psicanalistas não foram os primeiros e nem os únicos que fizeram essa invocação à introspecção; todavia, parece ser nosso destino conferir-lhe expressão mais vigorosa e apoiá-la com material empírico que é encontrado em todas as pessoas. Em conseqüência, surge a revolta geral contra nossa ciência, o desrespeito a todas as considerações de civilidade acadêmica e a oposição se desvencilha de todas as barreiras da lógica imparcial"[62].

Darwin, cuidadosamente, procurou mostrar, em resposta a tais apreciações, que a novidade que revelava não destituía as construções

---

[62] Freud, S. (1976[1916-17]) Fixação em Traumas – O Inconsciente. Conferência XVIII. In: *Edição Standard Brasileira das Obras Psicológicas Completas de Sigmund Freud. Vol. XVI. Conferências Introdutórias sobre Psicanálise (Parte III)*. Rio de Janeiro: Imago, p. 335-336.

religiosas. Exigia, sim, a reconstrução de alguns elementos em torno do lugar do homem no complexo.

Quanto a essa topologia, ele argumenta de maneira a desmontar o atentado às suas descobertas: "A conclusão capital a que chegamos com este trabalho, a saber, que o homem descende de uma forma de organização inferior, será, eu receio, desagradabilíssima para muitos. Dificilmente, porém, pode haver dúvida de que nós descendemos de selvagens. Nunca esquecerei o assombro que senti quando vi pela primeira vez um grupo de fueguinos numa praia selvagem e batida, pois imediatamente me ocorreu a idéia de que nossos antepassados se assemelharam a esses.

Esses homens apresentaram-se completamente nus e sujos de pinturas, longos cabelos embaraçados, suas bocas espumavam pela excitação, e a sua expressão era selvagem, assustada e desconfiada. Não conheciam quase arte alguma, e, assim como os animais silvestres, viviam do que podiam apanhar; não tinham governo e nem defesa contra seres que não pertencessem à sua tribo. Quem viu um selvagem na sua terra natal não se sentirá muito envergonhado ao ter que admitir que lhe corre nas veias o sangue de um ser ainda mais inferior. Por minha parte eu preferiria ser um descendente daquele heróico macaquinho que enfrentou o inimigo terrível para salvar a vida de seu guardião, ou então daquele velho bugio que desceu das montanhas para arrastar consigo triunfalmente seu jovem companheiro dentre os cachorros pasmados; antes de ser um descendente do selvagem que se deleita na tortura do inimigo, que faz ofertas sangrentas, pratica o infanticídio sem remorsos, trata suas esposas como escravas, não conhece descendência e é perseguido pelas superstições mais grosseiras"[63].

Essa é uma premissa que merece uma especial atenção, pois, dessa maneira, Darwin aponta o campo dos atos humanos destituídos de razão, o campo dos enigmas.

Com esses elementos, Freud irá forjar sua teoria da horda primeva, a qual, junto com as teorias de Darwin, sofrerá ferrenhas acusações por não acompanharem as contemporâneas teorias antropológicas: "De

[63] Darwin, C. (1967[1871]) A Descendência do Homem. In: *Biblioteca do Pensamento Vivo*. São Paulo: Martins Editora, p. 226-227.

Darwin tomei de empréstimo a hipótese de que os seres humanos originalmente viviam em pequenas hordas, cada uma das quais sob o governo despótico de um macho mais velho que se apropriava de todas as fêmeas e castigava ou se livrava dos machos mais novos, inclusive os filhos"[64].

O valor factual das hipóteses de Darwin e Freud não despenca em importância por uma defasagem científica. Freud constrói toda uma teoria considerando as teses de Darwin; no entanto, essa teoria não se sustenta por conformar uma verdade indelével, mas por seu valor de metáfora, que por meio de uma bela plastia erige um mito de origem da cultura. É o simbólico que aí se anuncia. Isto, anos mais tarde, Lévi-Strauss[65] cuidará de esclarecer.

---

[64] Freud, S. (1975[1937-39]) Verdade Histórica. Conferência XVIII. In: *Edição Standard Brasileira das Obras Psicológicas Completas de Sigmund Freud. Vol. XXIII. Moisés e o Monoteísmo, Esboço de Psicanálise e outros trabalhos.* Rio de Janeiro: Imago, p. 155.

[65] Ver Capítulo IV – Lévi-Strauss e Lacan.

Kierkegaard – O indivíduo

Sören Aabye Kierkegaard nasceu em Copenhague, na Dinamarca, em 1813. Seu pai não tivera filhos da primeira mulher e, após ficar viúvo, casa-se pela segunda vez com sua criada, com quem teve sete filhos.

O pai de Kierkegaard era homem de fé inarredável e essa aura de sua personalidade será reencontrada no filho como um forte traço de identificação. Kierkegaard assiste à morte da mãe e de cinco irmãos mais velhos, ficando apenas com um irmão vivo que se torna bispo luterano. Ele costumava se dizer "filho da velhice", pois em seu nascimento seu pai já havia atingido a idade de cinqüenta e seis anos e sua mãe, a de quarenta e quatro.

Há dois fatos relevantes na vida do filósofo dinamarquês que são dignos de nota. O primeiro diz respeito a uma culpa paterna revelada ao filho em estado de embriaguez, porém sem a narrativa do delito. O filho suspeitará de dois acontecimentos da vida do pai para dar forma à transgressão paterna: a maldição que quando menino lançara contra Deus e o casamento com sua criada alguns meses depois da morte da primeira esposa. Porém, independentemente da possibilidade de apreender os motivos do tormento da culpa paterna, tal culpa dará sentido à sua vida.

Em seu "Diário" escreverá: "[...] esse homem que, rapazinho, guardador de carneiros nas charnecas da Jutlândia, sofrendo grandes males, cheio de fome e de frio, se ergueu sobre uma colina e amaldiçoou Deus – este homem não era capaz, aos oitenta e dois anos, de o esquecer"[66]. Filho do pecado, será carregado pela culpa herdada,

[66] Kierkegaard, S. (1961) *O desespero humano*. Porto: Livraria Tavares Martins, p.15.

padecendo do castigo de Deus em uma mórbida relação familiar, onde a palavra de ordem era a religião.

O segundo fato, um noivado rompido com uma mulher amada, pela impossibilidade de conciliar o que quer que fosse com o ideal cristão que afirmou. Esse rompimento foi um verdadeiro tormento, mas jamais voltou atrás, apesar de escrever em seu diário que tudo devia a Regina Olsen, por ter tudo aprendido por causa dela: "O pensamento (e isso era amor) era: eu serei teu ou te será permitido ferir-me tão profundamente, no mais íntimo da minha melancolia e na minha relação com Deus que, ainda que de ti separado, continuo sendo teu"[67].

Fundamentalmente, a obra de Kierkegaard teve como causa o cristianismo e opôs-se à universalidade hegeliana, forjando um postulado sobre o Indivíduo: "A fé é exatamente aquele paradoxo conforme o qual o Indivíduo se acha como tal acima do geral, sobre ele inclinado, (não em situação de inferior, ao contrário, sendo-lhe superior) e sempre de um modo tal que, diga-se, é o Indivíduo quem, depois de ter estado como tal subordinado ao geral, consegue ser agora, graças ao geral, o Indivíduo, e assim sendo superior a este; de modo que o Indivíduo como tal acha-se em uma relação absoluta com o absoluto"[68]. Indivíduo e fé formam, portanto, uma relação na qual o fato de ser cristão é o núcleo da existência.

Sua crítica mordaz à cristandade da época é, principalmente, endereçada ao bispo Mynster, que na contramão de suas admoestações irá ser aclamado pelo povo, como testemunha da verdade. Essa alcunha é desmerecida por Kierkegaard, já que, segundo seu entendimento, a verdade é própria aos que viveram ao abrigo do sofrimento, da luta interior, do medo e do temor, dos escrúpulos, das angústias da alma e das penas do espírito.

O primeiro trabalho filosófico de Kierkegaard foi o "Conceito de ironia", no qual defende o caráter ético da ironia socrática como a antítese da ironia romântica que, segundo ele, era abjeta em sua formulação de um Eu absoluto alheio à realidade: "Quanto mais ironia houver, tanto mais livre e poeticamente o poeta flutuará suspenso sobre sua obra

[67] Citado por Reale, G. & Antiseri, D. (1991) História da Filosofia: Do romantismo até nossos dias. Vol. III. São Paulo: Paulus, p. 237.

[68] Kierkegaard, S. (s.d.) *Temor e Tremor.* Rio de Janeiro: Ediouro, p. 68.

poética. Por isso, a ironia não está presente em algum ponto particular da poesia, mas sim onipresente, de tal modo que a ironia visível na poesia é *por sua vez dominada ironicamente*. Portanto, a ironia liberta ao mesmo tempo a poesia e o poeta. Mas para que isto possa acontecer é preciso que o próprio poeta domine a ironia. (...) O que fez a grandeza da existência poética de Goethe (*Digter-Existents*) é que ele sabia estabelecer um acordo entre a sua vida de poeta (*Digter-Tilvaerelse*) e a sua própria realidade. Mas para isso *é preciso novamente ironia*, porém, bem entendido, *ironia dominada*. Para o romântico, cada produção poética particular é ou uma criança mimada à qual ele mesmo se entrega totalmente sem poder explicar-se como lhe foi possível chamá-la à vida, ou um objeto que provoca aversão"[69].

Em 1843, escreve "Ou-Ou", que em dois volumes traz a concepção da escolha combatendo a tese hegeliana da superação. No "Diário de um sedutor"[70], Kierkegaard irá construir a teoria do ideal estético próprio ao sedutor, que não se compromete eticamente, deixando-se levar pelo prazer: "Como é belo estar apaixonado e como é interessante saber que se está. Eis a diferença. Poderá irritar-me pensar que, pela segunda vez, ela desapareceu diante dos meus olhos. Mas, em determinado sentido, isso me dá prazer"[71].

Para Kierkegaard era possível sair-se de uma posição guiada por um ideal estético, por meio da operação do ou-ou e ascender ao ideal ético e, num nível mais elevado, ao ideal da fé ou religioso. Este último, para ele, a forma autêntica e verdadeira de existência e o ponto de encontro do Indivíduo com Deus.

Essas três categorias fazem parte da construção kierkegaardiana, que forja três estágios distintos para situar o homem na vida: o estágio estético tem relação com o mundo dos sentidos, é a experiência do prazer e do momento, vendo no Bom o que é Belo; o estágio ético se caracteriza pela posição diante das escolhas morais e aproxima-se da concepção Kantiana do Dever; e o estágio religioso, que se caracteriza pela renúncia

---

[69] Kierkegaard, S. (1991) *O conceito de ironia, constantemente referido a Sócrates*. Petrópolis: Vozes, p. 275-276.

[70] Diário de um sedutor é a última parte do primeiro capítulo de *Ou-Ou*.

[71] Kierkegaard, S. (1971) *Diário de um sedutor*. Santos: Martins Fontes, p. 50.

do prazer do ideal estético e ao dever da razão, para galgar o caminho da salvação com o cristianismo.

Em "Temor e tremor" dedica-se a tratar do problema da fé que, segundo suas elaborações, vai além do ideal ético da vida[72]. Ele evoca o conflito de Abraão diante da escolha do sacrifício do próprio filho, conflito que estabelece um paradoxo entre a obediência na fé e o problema moral de matar o filho[73]: "Abraão, porém, creu sem nunca duvidar. Creu no absurdo. Se tivesse duvidado, procederia de modo diverso, teria até realizado um ato magnífico. Porventura poderia ter realizado coisa diferente? Encaminhar-se-ia à montanha de Morija; cortada a lenha, teria acendido a pira, tirado a faca e gritado desse modo a Deus: 'não desprezes este meu sacrifício; de todos os bens que possuo este não é o mais precioso, sei-o bem; que significado de fato tem a vida de um ancião comparada com a do filho da promessa? Contudo é o melhor que eu te posso oferecer. Faz com que Isaac jamais disso se aperceba a fim de que

[72] Sobre isso, Lacan comenta no Seminário *Les noms du Père* (Sessão única do 20/11/63 [Inédito]): "Eu não forçarei a porta, fosse ela do inferno, para vos dizer, mas eu entendo introduzir o que eu teria podido dizer por qualquer coisa de essencial: – encontro em Kierkegaard – a *Akeda*, o sacrifício de Abraão na forma onde se penetra numa tradição onde as imagens não são interditadas, – a figuração destas coisas é interditada para os Judeus – porque de tempos em tempos no cristianismo tem-se uma febre de se libertar? [...] Eu avancei bastante para que vocês reencontrassem o que eu anunciei da metáfora paterna. Tem um filho, a cabeça bloqueada contra um pequeno altar de pedra (quadro de Caravaggio), ele faz careta, ele sofre, a faca de Abraão é levantada sobre ele, o anjo que está lá, presença deste cujo nome não é pronunciável. O anjo, um anjo, o que é um anjo? Estes anjos, como vocês os suprimiriam da bíblia?".

[73] "É bem a este título que se desenrola todo o patético do drama onde nos arrasta Kierkegaard. Antes deste gesto que retém, Abraão veio ali por alguma coisa. Deus lhe deu um filho e lhe dá a ordem de levar seu menino para um misterioso encontro, mãos atadas aos pés como ovelhas, para sacrificá-lo. Antes de nos emocionarmos, nós podemos nos lembrar que ir sacrificar seu menininho ao *Elohim* local na época era corrente.[...] Não é tudo o que se pode ver na imagem do Epinal, há ainda outra coisa, à direita e à esquerda no quadro de Caravaggio, esta cabeça de carneiro que eu introduzi sobre a forma do *schofar*, o chifre está incontestavelmente arrancado.Quanto ao que é este carneiro, é nisso que eu queria terminar. Pois não é verdade que o animal aparece como metáfora do pai ao nível da fobia. A fobia é apenas um retorno; é o que Freud dizia se referindo ao Totem. O homem não tem tanto do que se orgulhar de ser o último vindo da criação, aquele que foi feito da lama, o que não é dito de nenhum ser. Ele vai buscar para si ancestrais honoráveis e nós somos ainda lá: ele precisa de um ancestral animal". (Lacan, seminário *Les noms du Père* do 20/11/1963 [Inédito]).

a mocidade o conforte'. Após isso enterraria a faca no próprio peito. O mundo teria admiração por ele e jamais o seu nome seria olvidado; contudo uma coisa é despertar justa admiração e outra ser a estrela que guia e salva o desesperado"[74].

Diante da escolha trágica, ele diz que: "Se não existe valor para se ir até o fim do pensamento e afirmar que Abraão é assassino, antes é preferível adquiri-lo primeiro do que gastar o tempo em imerecidos elogios. Debaixo de um ponto de vista moral, a atitude de Abraão exprime-se dizendo que desejou matar Isaac, e, debaixo de um ponto de vista religioso, teve intenção de sacrificá-lo. Em tal contradição está a angústia que nos leva à insônia e sem a qual, porém, Abraão não é o homem que é"[75].

Assim se coloca em Kierkegaard o problema da angústia relativo à fé: diante da infinitude divina a angústia advém, portanto, a angústia tem valor positivo de propulsão para a transcendência dos estágios inferiores: "[...] Sempre que eu pretendo realizar esse movimento, meus olhos ficam turvos ao mesmo tempo que uma admiração ilimitada toma conta de mim e uma horrível angústia me esmaga a alma. Que significa isto, efetivamente, senão tentar a Deus? [...]. É preciso uma coragem puramente humana para renunciar a toda temporalidade a fim de obter a eternidade; porém, ao menos eu a conquisto e não posso, já na eternidade renunciar a ela sem cair em contradição. Torna-se indispensável, porém, a humilde coragem do paradoxo para atingir então toda a temporalidade em razão do absurdo, e coragem semelhante somente a dar a fé"[76]. A angústia é o modo de ser da existência do Indivíduo. É pela angústia que se produz o discípulo da possibilidade, preparando o cavaleiro da fé.

Kierkegaard ainda publica, entre 1843 e 1845, "Migalhas filosóficas", "A repetição" e "Estágios no caminho da vida", os quais tratam da categoria do possível e do ideal estético da vida contraposto à reconquista de si pela via da fé.

Quatro anos mais tarde, em 1849, escreverá sobre o desespero

---

[74] Kierkegaard, S. (s.d.). *Temor e Tremor.* Rio de Janeiro: Edіouro, p. 39-40.
[75] Kierkegaard, S. Op.cit.: 45-46.
[76] Kierkegaard, S. (1964) *Temor e Tremor.* São Paulo: exposição do livro, p. 41-42.

como doença mortal e a salvação pela fé, afirmando que fora da fé o que existe é desespero.

Kierkegaard morre em 1855 e, no último ano de sua vida, o filósofo, também conhecido como "poeta cristão", publica nove fascículos do periódico "O Momento", entre maio e setembro, onde se empenha em afirmar a diferença entre "cristianismo" e "cristandade atual", apontando a superficialidade da segunda. Afirmava que não podia existir maior e mais perigosa heresia do que brincar de cristianismo.

Mas é patente que o seu "Diário", longa narrativa de sua vida a partir dos vinte anos, é um registro de enorme importância do pensamento kierkegaardiano. Nele se encontram em aproximadamente cinco mil páginas, escritas até dois meses antes de sua morte, um registro de sua intimidade, revelador da análise do humano a partir dele próprio. Pelo estilo denso e comovente, costuma-se comparar o "Diário" com as "Confissões" de Santo Agostinho.

Kierkegaard defende a existência do Indivíduo, atribuindo sua autenticidade à transcendência de Deus. Ele atesta que a escola da verdade é a escola do sofrimento, pois a verdade é verdade sofredora: "Cada palavra é verdade, mas ao meu modo de ver as coisas se trata de uma verdade como se o mundo estivesse morto. Tão velada e conseqüente é essa verdade! Não me convence nem me emociona nem um pouco"[77].

Em sua vida aferia sobre sua obra, afirmando que o maior legado que deixaria estava na categoria de "Indivíduo", que concebera num grave embate ao pressuposto de que Hegel, especialmente, assim como os demais filósofos, ocupavam-se demasiadamente com o conceito de homem, negligenciando a existência. Desse modo, criticava os sistemas erigidos pelos demais filósofos, dizendo que eles não viviam em seus imensos edifícios sistemáticos.

No entanto, é curioso que Kierkegaard não entre numa discussão pormenorizada a propósito da crítica deletéria que profere contra Hegel. Na verdade, sua crítica se formula num ataque mordaz ao "sistema". Para ele, todo sistema é ridículo era em sua totalidade não interessava.

[77] Kierkegaard, S. (1976) *In vino veritas.* Madri: Guadarama, p. 232.

O sistema para Kierkegaard é exterior ao Indivíduo e, por isso, a Filosofia não deveria construir sistemas especulativos e sim diário íntimo, pois o grande desafio e a grande dificuldade está em compreender-se a si mesmo.

A verdade cristã para Kierkegaard não é demonstrável, mas sim testemunhável. Esse testemunho é testemunho absoluto, pois não é possível assumir Deus até certo ponto. Nesse sentido é que atesta que verdade é subjetividade, pois ninguém pode se colocar no lugar de outro diante de Deus. A verdade é, portanto, "verdade para mim".

É indubitável que o "Conceito de angústia" em Kierkegaard tem, depois da formulação sobre o Indivíduo, um lugar de destaque em sua obra. O homem, ao contrário do animal – que por sua essência procura o necessário concernente ao estudo científico –, é puro devir. E, portanto, livre para efetivar escolhas diante das possibilidades.

Entretanto, essa possibilidade é justamente angústia, enquanto que angústia é uma categoria ligada ao tempo futuro, que deve tornar-se uma escola para o Indivíduo e não, tornar-se ignorada por ele. Kierkegaard ainda fará uma distinção entre angústia e desespero, afirmando que a primeira diz respeito à relação do homem com o mundo e a segunda, sua relação consigo mesmo.

O desespero é, para Kierkegaard, a impossibilidade de acolhimento da profundidade de si mesmo, em forma de culpa. Ele classifica o desespero de doença mortal: "A morte põe termo às doenças, mas só por si não constitui um termo. Mas uma 'doença mortal' no sentido estrito quer dizer um mal que termina pela morte, sem que após subsista qualquer coisa. E é isso o desespero"[78].

Há muitos elementos que Kierkegaard, o primeiro filósofo existencialista, anuncia em sua obra que se aproximam das articulações feitas, décadas depois, por Sigmund Freud. Certamente que, partindo de pontos diferentes, os dois homens debruçar-se-ão sobre o drama da singularidade humana.

Vê-se bem que não é sem razão o que Thomas Mann pronuncia em conferência sobre o futuro da Psicanálise: "Sigmund Freud, o fundador

[78] Kierkegaard, S. (1961) *O desespero humano*. Porto: Livraria Tavares Martins, p. 43.

da Psicanálise como terapêutica e método geral de investigação, percorreu o duro caminho de sua busca completamente só, em total independência, unicamente como médico e observador da natureza, sem conhecer os consolos e o reconforto que as belas-letras teriam colocado à sua disposição. Ele não conheceu Nietzsche, em quem, por toda parte, clareando a obra como relâmpagos, visões freudianas se acham antecipadas; não conheceu Novalis, cuja biologia romântica, muitas vezes, em devaneios inspirados, aproxima-se tão espantosamente das idéias psicanalíticas; não conheceu Kierkegaard, cuja coragem cristã, que jamais recua diante das revelações mais trágicas da Psicologia, não teria deixado de impressioná-lo e de agir profundamente sobre ele como um estimulante; e decerto também não conheceu Schopenhauer, que orquestrava em sua filosofia desencantada uma sinfonia dos instintos cujo curso ele se empenha em desviar para libertar a humanidade. Certamente tinha de ser assim. Era-lhe preciso fazer unicamente por seus próprios meios a conquista metódica de seu sistema, ignorando as antecipações intuitivas: esse rigor do destino provavelmente intensificou o mordente de sua busca"[79].

Mas se Freud desconhecia a obra kierkegaardiana, esse não era o caso daquele que sistematizou seus achados, revendo-os à luz dos sistemas estabelecidos pela tradição filosófica.

Lacan entreviu os pontos onde a letra de Kierkegaard se presta às confirmações dos conceitos psicanalíticos. Particularmente se interessou pelo conceito de angústia, sobre o qual dirá: "É aqui que a angústia é o signo, como recentemente um contemporâneo do sistema de Hegel, Kierkegaard, a angústia é para nós o testemunho de uma bênção essencial que porta o testemunho de que a doutrina freudiana é esta que dá o esclarecimento"[80] e ainda "A verdade que Kierkegaard traz não é a verdade de Hegel, mas aquela da angústia, o que nos conduz a nossas observações relativas ao desejo no sentido analítico"[81]

---

[79] Mann, T. Conferência proferida em maio de 1936, citada por Roudinesco, E. (1994) *Jacques Lacan, Esboço de uma vida, história de um sistema de pensamento.* São Paulo: Companhia das Letras, p. 97.

[80] Lacan, J. (1963) *Les noms du père.* Sessão única, seminário de 20 de novembro (inédito).

[81] Lacan, J. (1962-63) *A Angústia.* Seminário X (inédito).

Contudo, não é só a concepção da angústia que atrai o olhar de Lacan para a letra do filósofo dinamarquês. A tríade constitutiva do simbólico e a operação do amor em sua relação com a posição feminina são para ele motivo de elegia: "Porque nós não podemos dizer que tal religião não seja nada. Pois eu vos disse na última vez, é a verdadeira, é a verdadeira porque ela inventou esta coisa, esta coisa sublime, da trindade. Ela viu que precisava três. Que precisava de três círculos de cordão de consistência estritamente igual para que 'nada' funcione. É assim mesmo bem curioso que a todos os fins isto se produza quanto ao amor. Mas leiam "Vida e Reino do amor" de Kierkegaard, isto acaba de sair por Aubier, vocês são numerosos, vocês irão todos se precipitar à Aubier na saída porque normalmente quando eu digo que se deve ler um livro, isto tem efeitos! Eu já tenho, então vocês podem esgotar a edição! Mas leiam isto, leiam isto porque não há lógica mais implacável, nunca nada foi melhor articulado sobre o amor, o amor divino entendido.

Não há aí o mínimo erro, tudo é traçado logicamente. O amor é caridade, mulher – curioso lapso – caridade, fé e esperança, e graças a isto a caridade é, vocês o vêem na arte, lamentavelmente simbolizada por esta mulher aos inumeráveis seios da qual são pendurados inúmeros rapazinhos. Mas é assim mesmo alguma coisa fazer isto justamente, é aí a origem de meu lapso, de fazer isso da imagem da mulher. A finalidade já que existem dois extremos e um meio, eu chamo suas atenções, toda a especificação dos fins e por sinal fins que são sempre articuláveis [...] eu não ouso dizer a palavra de reciprocidade, não é justa na ocasião, mas eu quero dizer que, ao mesmo tempo que o que é o início torna-se o fim o fim faz função de início. A relação do corpo e da morte é articulada pelo amor divino de uma forma tal que ele faz de uma parte que o corpo torne-se morte, que a morte torne-se corpo de outra parte, e que é por meio do amor"[82].

Dessa forma, percorremos por um breve atalho uma vereda do pensamento de Kierkegaard, que permite entrever seu combate ao sistema hegeliano, particularmente à concepção do universal. Sua obra lega à posteridade os primeiros elementos de um sistema concernente à singularidade humana, considerando o sofrimento como termo propulsor de deslocamentos das representações.

---

[82] Lacan, J. (1973-74) *Les non-dupes errent.* Seminário XXI (inédito).

Marx – "O verdadeiro é sempre novo"

Como já foi dito, diante da alteridade de Hegel formaram-se duas vertentes no tocante à interpretação de sua obra: A Escola hegeliana de direita e a Escola hegeliana de esquerda, divergentes amplamente entre si. As principais diferenças entre as duas partes diziam respeito às concepções políticas e religiosas.

A direita defendia, do ponto de vista político, que o Estado prussiano devia ser reconhecido como o eixo da dialética e como confirmação da racionalidade do espírito. A esquerda opunha-se a essa concepção, defendendo que a dialética não podia deter-se numa circunscrição política, devendo a dialética histórica negar a política para realizar uma racionalidade superior. A direita propunha que a Filosofia hegeliana fosse a justificação do Estado existente, enquanto que a esquerda, em nome da dialética, negava o Estado existente.

A maior divergência entre a direita e a esquerda hegelianas, no entanto, não se passa em torno da política e sim em torno das questões religiosas.

Para Hegel, Religião e Filosofia possuem o mesmo conteúdo, distinguindo-se em duas categorias pela forma de expressar esse conteúdo. Onde a religião faz representações, a Filosofia conceitualiza. Outrossim, ele afirmava que o conteúdo verdadeiro da Religião deveria retornar à Filosofia, para transformar-se em conceito e constituir razão filosófica.

É essa concepção de Hegel que se bifurcará, constituindo uma grande controvérsia. A direita faz uma leitura de Hegel atribuindo aos seus postulados compatibilidade com os dogmas cristãos e preconiza que ele procurou a aceitabilidade da fé cristã no interior do pensamento moderno e asseverou sua justificativa diante da razão. A esquerda defendia com afinco a insustentabilidade de Filosofia e Cristianismo serem concomitantes; portanto, para essa facção, a Filosofia era substituta da Religião.

Entre os partícipes da Esquerda, estava Karl Marx.

Nascido em 15 de maio de 1818 em Trier, na Alemanha, Marx era filho do advogado Heinrich Pressburg. Seus pais eram de origem judaica, mas, coagido pelas leis anti-semitas na Renânia, o pai escolhe pela profissão, em detrimento da fé. Depois de concluir os estudos secundários em sua cidade natal, Marx parte para Bonn para encaminhar o estudo das leis. No entanto, contrariado com sua vida mundana, seu pai o envia para a austera Universidade de Berlim, em 1836. Em 1843, casa-se com Jenny von Westphalen, filha de família aristocrática e cujo irmão fora ministro da Prússia.

Freqüentou o círculo intelectual de Berlim e foi aluno de Karl von Savigny e de Eduard Gans. Concluiu, em 1841, o curso de Filosofia, no qual foi laureado por sua tese: "Diferença entre a Filosofia da natureza de Demócrito e a de Epicuro".

O encontro de Marx com Feuerbach é extremamente profícuo e influencia o escrito de 1843 "Crítica do direito público de Hegel". Não menos importante e definitivo é o encontro, em Paris, com o amigo Friedrich Engels, futuro colaborador no curso de toda sua vida.

Como resultado das pesquisas em economia política, efetivadas com a ajuda financeira de amigos, escreve, em 1844, "Manuscritos econômico-filosóficos", que só serão publicados tardiamente. Por essa época, seu envolvimento com o Jornal Vorwärts, dos artesãos comunistas, custa-lhe a expulsão da França, em 1845.

Nesse mesmo ano, refugiado em Bruxelas, escreve "A sagrada família" em co-autoria com Engels, livro que faz uma crítica à esquerda hegeliana e marca sua ruptura com esse grupo. Em seguida, ainda junto com Engels, escreve "A ideologia alemã", "As teses sobre Feuerbach" e "A miséria da Filosofia, resposta à Filosofia da miséria de Proudhon". Este último inaugura o ataque contra o socialismo utópico, em defesa do socialismo científico.

É em 1848, ainda na Bélgica, que dita com Engels o famigerado "Manifesto do partido comunista". Em 1848, Marx volta para a Colônia, mas a "Nova Gazeta Romana" fundada por ele é interditada. Vai, então, a Paris, de onde é obrigado a se retirar, indo aportar na Inglaterra, em 1849.

Com a ajuda financeira de Engels ele consegue, em Londres, levar adiante as pesquisas de Economia, Política, História e Sociologia, que serão pilar para o edifício de "O Capital". Entretanto, só publicará o primeiro volume dessa obra em 1867, enquanto que os outros dois só irão a público em 1885 e 1894, levados por Engels após sua morte. Sua segunda obra fundamental, "Crítica da economia política", é de 1859.

Em 1864, funda em Londres a "Associação Internacional dos Trabalhadores", dissolvida após muitas intempéries em 1872. Prossegue sua produção em ritmo intenso e escreve, em seus últimos dez anos, "Crítica ao Programa de Gotha", além de concluir o trabalho de "O Capital". Morre em 1883, sendo sepultado em Londres.

No decorrer de sua obra, Marx irá romper com todas as suas referências, estabelecendo um sistema original para percorrer as questões que antes o ligaram a Hegel, à esquerda hegeliana, aos economistas clássicos, ao socialismo, por ele chamado de utópico, e a Proudhon.

Reconhecia a complexidade da obra hegeliana, mas exonerava-a afirmando que: "A *metafísica* do século XVII, século que teve de ceder o lugar à filosofia francesa das Luzes e sobretudo ao *materialismo francês* do século XVIII, conheceu uma *restauração vitoriosa* e *substancial* na *filosofia alemã* e sobretudo na *filosofia especulativa alemã* do século XIX. Em primeiro lugar *Hegel*, de maneira genial, uniu-a a toda a metafísica conhecida e ao idealismo alemão e fundou um império metafísico universal; depois, de novo, ao ataque contra a teologia correspondeu, como no século XVIII, o ataque contra a *metafísica especulativa* e contra *toda a metafísica*. Esta sucumbirá para sempre diante do *materialismo*, a partir de agora acabado pelo trabalho da própria *especulação* e coincidindo com o *humanismo*"[83].

Marx acusa Hegel de interpretar o mundo de cabeça para baixo e de fazer ideologia, imputando-lhe a responsabilidade de atribuir soberania ao Estado, em detrimento da sociedade civil e, dessa forma, destituindo o sujeito de seu lugar legítimo. Assim, para Hegel, o indivíduo não passa de uma substância mística universal: "Hegel torna o homem em *homem da consciência de si*, em vez de tornar a consciência de si *na consciência de si do homem*, do homem real e, por conseguinte, do homem que vive num mundo objetivo real e que por esse é condicio-

[83] Marx, K. e Engels, F. (s.d.[1845]) *A sagrada família*. Lisboa: Presença, p. 188.

nado"[84]. Ele se opunha a Hegel asseverando que, do mesmo modo que não é a religião que cria o homem e sim o homem que cria a religião, não é a constituição que cria o povo e sim o povo que cria a constituição.

Ainda sobre a religião, Marx dizia mais firmemente que a religião é o ópio do povo. Essa posição marxista não é uma minimidade em relação à religião, mas reveladora da religião como obra da humanidade sofredora e oprimida.

Quanto à esquerda hegeliana, apesar do papel importante que desempenhou até 1843, não escapará à crítica de Marx que a julga insuficiente no combate à política existente. É por essa razão que escreve junto com Engels "A sagrada família", onde afirmam: "A *coterie berlinoise,* esse *objecto essencial* da Crítica crítica, de que esta mentalmente se ocupa sem cessar e que constantemente vê, em pensamento, ocupada com ela, consiste, tanto quanto sabemos, em uns quantos *ci-devant*[85] *Jovens Hegelianos*, aos quais a Crítica crítica, segundo afirmam, inspira em parte o *horror vacui*[86], em parte um sentimento de *nulidade*. Não examinaremos a consistência dos fatos, confiando nas afirmações da Crítica"[87]. Dirá que, tal como Hegel, a esquerda hegeliana vê o mundo de cabeça para baixo, ideologicamente, sem encontrar o nexo entre Filosofia alemã e realidade alemã. Por essa razão não havia, segundo Marx, radicalidade nos hegelianos da esquerda, pois ser radical é colher pela raiz, sendo a raiz o próprio homem. Era preciso unir teoria e prática, ao contrário dos jovens hegelianos, que separam a teoria da prática.

Marx criticava ainda os economistas clássicos Smith, Ricardo, Pecqueur e Say, embora tenha desfrutado bastante de seus trabalhos. Segundo Lênin, Marx avançou em relação a estes, apontando que, para além de relações entre objetos, na economia havia uma relação entre homens. E essa relação não era, como entendiam esses economistas, baseadas em leis eternas e naturais, mas uma relação factual que, equivocadamente, é tomada como uma lei perpétua. Atribuir um caráter

---

[84] Marx, K. e Engels, F. Op. cit.: 293.

[85] Em francês na citação original e traduzido por "Precedentes".

[86] Em francês na citação original e traduzido por "Horror do vazio".

[87] Marx, K. e Engels, F. (s.d.[1845]) *A sagrada família.* Lisboa: Presença, p. 235.

absoluto às leis que regem a economia é tomar uma posição ideológica, favorecedora do sistema vigente em sua contingência histórica. Essas críticas erigidas por Marx aos economistas clássicos estão nos "Manuscritos econômico-filosóficos" e no "Capital".

Quanto ao socialismo utópico e a Proudhon, Marx e Engels colocavam-se à distância. Para eles, apesar das contribuições dadas por muitas correntes socialistas: "Os socialistas burgueses querem as condições de vida moderna sem as lutas e os perigos que dela decorrem fatalmente. Querem a sociedade atual, mas eliminando os elementos que a revolucionam e dissolvem. Querem a burguesia sem o proletariado. A burguesia, naturalmente, concebe o mundo em que domina como o melhor dos mundos. O socialismo burguês elabora em um sistema mais ou menos completo essa concepção consoladora. Quando convida o proletariado a realizar esses sistemas e entrar na nova Jerusalém, no fundo o que pretende é induzi-lo a manter-se na sociedade atual, desembaraçando-se, porém, do ódio que sente por essa sociedade"[88]. Após imprimir à sua obra o caráter de materialismo-dialético é que Marx irá declinar dos elogios feitos anteriormente a Proudhon, impingindo-lhe a alcunha de moralista e a impossibilidade de apreender o movimento da história e de influir sobre ele.

De maneira relevante, falará, minuciosamente, em sua obra, da alienação do trabalho, defendendo que é pelo trabalho que o homem diferencia-se do animal e mostrando que, no sistema capitalista, quanto maior for o investimento do operário no trabalho, maior será sua escravidão e diminuta sua dignidade.

Sobre o materialismo histórico, ele afirmará que este consiste em que não é a consciência que determina o ser do homem, mas o seu ser social que determina a sua consciência. Dessa forma, perfaz-se uma relação condicional da produção ideológica como decorrência da estrutura econômica. Portanto, a estrutura econômica determina a superestrutura ideológica. Mas o materialismo de Marx também é materialismo dialético, segundo Engels: "Karl Marx era um desses homens dos quais um século só vê poucos. Se Charles Darwin descobriu a lei que rege o desenvolvimento da natureza orgânica em nosso planeta, Marx

---

[88] Marx, K. & Engels, F. (1998) *Manifesto Comunista*. São Paulo: Boitempo, p. 65.

descobriu a lei fundamental que rege o caminho e o desenvolvimento da história da humanidade, lei de tal simplicidade e evidência que basta, por assim dizer, formulá-la para que se torne reconhecida. Marx descobriu ainda a lei que presidiu à criação da sociedade atual"[89].

Há ainda, as construções teóricas de Marx sobre a luta de classes, nas quais ele afirma que na história humana existe uma operação que insiste em se manifestar, qual seja, a relação entre opressores e oprimidos: "A história de todas as sociedades até hoje existentes é a história das lutas de classes. Homem livre e escravo, patrício e plebeu, senhor feudal e servo, mestre de corporação e companheiro, em resumo, opressores e oprimidos, em constante oposição, têm vivido numa guerra ininterrupta, ora franca, ora disfarçada; uma guerra que terminou sempre ou por uma transformação revolucionária da sociedade inteira, ou pela destruição das duas classes em conflito"[90].

Essas idéias, Marx as retoma de maneira extensa em "O Capital", sua maior obra, que tem, segundo seu autor, a finalidade de revelar a lei econômica da sociedade moderna. Os efeitos da luta de classes apresentados por Marx, já foi dito por muitos e por ele próprio, já eram conhecidos antes de suas articulações. No entanto, coube a ele, como nos mostra Althusser[91], a definição de seu objeto em forma de uma teoria especificamente construída.

O pensamento marxista é uma construção que subverte os cânones da História, da Economia, da Sociologia e da Política, preconizando, teoricamente, as bases que influenciaram o destino do século XIX. Esse pensamento se edifica demonstrando estruturas.

Dessa forma, o sistema preconizado por Marx é análogo ao de Freud, no que concerne à amplitude da subversão que constituem e que fazem verdadeira ruptura com o modo de estabelecer as questões nas Ciências Humanas ou Sociais, antes advindas das Ciências da Natureza e da ideologia.

---

[89] Engels, F. citado por Chiericati, C. (org) (1975). *Pró e contra Marx, O julgamento da história*. São Paulo: Melhoramentos, p. 100.

[90] Marx, K. e Engels, F. (1998) Manifesto Comunista. São Paulo: Boitempo, p. 40.

[91] Ver Capítulo IV – Althusser e Lacan.

Essa ligação entre Marx e Freud se estabelecerá de maneira extensa, embora o pai da Psicanálise jamais tenha se interessado pelo texto marxista. Sobre este escreverá apenas em uma passagem de sua obra: "A força do marxismo está, evidentemente, não em sua visão da história, ou nas profecias do futuro baseadas nela, mas sim na arguta indicação da influência decisiva que as circunstâncias econômicas dos homens têm sobre as suas atitudes intelectuais, éticas e artísticas. Com isso foram descobertas numerosas correlações e implicações, que anteriormente haviam sido quase totalmente negligenciadas. Não se pode, contudo, supor que os motivos econômicos sejam os únicos que determinam o comportamento dos seres humanos em sociedade"[92].

Althusser, autor do aclamado artigo "Marx e Freud", afirma que de dentro de uma perspectiva do pensamento marcado pelo mecanicismo e pela ideologia, surge, com Marx e Freud, um pensamento materialista e dialético, tomando materialismo como a realidade que existe fora da consciência, e dialético como o aporte onde ancora a modalidade lógica da ausência de contradição como causa da contradição.

É marcado por uma posição como essa que a intelectualidade francesa, na década de 30, em Paris, irá debruçar-se sobre o que chamam o materialismo de Hegel, Marx e Freud.

De maneira especial, o trabalho de Althusser, como veremos adiante, dedicou-se a analisar o texto de Marx, sublinhando seu caráter científico e a sua ênfase estrutural.

Lacan, ao contrário da maior parte da intelectualidade do seu tempo não se envolveu com o marxismo. Atravessava-o o descrédito na *práxis* elaborada por Marx, o que o leva a teorizar apontando a operação que impossibilita tal visada, no cerne do circuito do desejo. De maneira bastante curiosa e derrisória, Lacan dirá que o grande efeito da obra marxista foi permitir ao capitalismo fazer uma análise precisa de suas próprias estruturas, ou seja, permitir ao capitalismo afirmar sua identidade.

---

[92] Freud, S. (1976[1932-36]) A questão de uma *Weltanschauung*. Conferência XXXV. In: *Edição Standard Brasileira das Obras Psicológicas Completas de Sigmund Freud. Vol. XXII. Novas conferências introdutórias sobre a psicanálise e outros trabalhos.* Rio de Janeiro: Imago, p. 216.

Do ponto de vista da aproximação que muitos procuraram fazer sobre Marx e Freud, Lacan dirá: "É muito importante lembrar que se há em Freud – para designar um certo aspecto – se há em Freud algo que seja revolucionário – já me coloquei em guarda contra o uso abusivo dessa palavra – é certo que, se houve um momento em que Freud era revolucionário, foi à medida que colocava em primeiro plano uma função que é também aquela – esse, aliás, é o único elemento que tinha em comum com o que Marx anunciou –, ou seja, aquela de considerar um certo número de fatos como sintomas. A dimensão do sintoma é que isso (*ça*) fala, isso fala mesmo para aqueles que não sabem ouvir; isso não diz tudo, mesmo para aqueles que sabem"[93].

Lacan, porém, reconhecia a importância da obra de Marx em sua singularidade e seu teor transformador: "Está muito em moda em nossos dias 'superar' os filósofos clássicos. Eu poderia igualmente ter partido do admirável diálogo com Parmênides. Pois nem Sócrates, nem Descartes, nem Marx, nem Freud podem ser 'superados', na medida em que conduziram suas investigações com essa paixão de desvelar que tem um objeto: a verdade"[94]. Sem dúvida, ao modo de Max Jacob, Lacan faz aí uma elegia à verdade no sentido da máxima do poeta em "Os copos dos dados": "o verdadeiro é sempre novo".

---

[93] Lacan, J. (1971[1996]) *De um discurso que não seria do semblante.* Recife: Centro de Estudos Freudianos, p. 20.

[94] Lacan, J. (1998[1946]) Formulação sobre a causalidade psíquica. In: *Escritos.* Rio de Janeiro: Jorge Zahar, p. 194.

Nietzsche – "Deus está morto". Viva o "super-homem".

"Agora, meus discíplos, vou-me embora sozinho! ide-vos, vós, também sozinhos.

Assim o desejo.

Com toda sinceridade vos dou este conselho: Afastai-vos de mim e precavei-vos contra Zaratustra! Melhor ainda, envergonhai-vos dele! Talvez ele vos haja enganado!

O homem que raciocina não só deve amar os seus inimigos como também odiar os seus amigos.

Mal satisfaz ao mestre aquele que nunca passa de discípulo. E por que não quereis usurpar a minha coroa?

Venerais-me! Mas que sucederia se uma vez cessasse a vossa veneração? Cuidado, não vos deixeis esmagar por uma estátua!

Dizeis que acreditais em Zaratustra? Vós sois crentes em mim; mas que importam os crentes?!

Vós ainda vos haveis procurado; encontrastes-me então. Assim fazem todos os crentes: por isso a fé é tão pouca coisa.

Agora vos ordeno que me percais e vos encontreis a vós mesmos; e só quando todos me houverdes renegado, voltarei ao vosso encontro"[95].

Friedrich Nietzsche nasceu em 1844, em Röcken, na Alemanha. Sua atração pela obra de Schopenhauer "O mundo como vontade e representação" presidirá o rumo de suas edificações.

Desde os 24 anos Nietzsche ocupa uma posição relevante do ponto de vista intelectual. Será convidado a ministrar a cátedra de Filologia clássica na Universidade de Basiléia. Nesse período conhece o músico Wagner, com o qual estabelecerá uma estreita amizade.

Em 1872 publica "O nascimento da tragédia" que, imediatamente, provocará enorme controvérsia por ser um livro que exalta a

[95] Nietzsche, F. (1977) *Assim falava Zaratustra.* São Paulo: Hemus, p. 60.

tragédia grega pré-socrática, sublinhando-lhe o sentido trágico e o eco do coro como elemento fundamental. De maneira especial, Nietzsche aponta fascinado o espírito dionisíaco na cultura grega como representação do império do instinto e sua relação com a expressão apolínea do equilíbrio. Admoestará a posição socrática, na qual o otimismo contrário ao espírito da tragédia, seria responsável pela decadência, que esmaga a humanidade até a modernidade: "No esquematismo lógico crisalidou-se a tendência *apolínea*: como em Eurípides, cumpre notar algo de correspondente e, fora disso, uma transposição do *dionisíaco* em afetos naturais. Sócrates, o herói dialético no drama platônico, nos lembra a natureza afim do herói euripidiano, que precisa defender as suas ações por meio de razão e contra-razão, e por isso mesmo se vê tão amiúde em risco de perder nossa compaixão trágica; pois quem pode desconhecer o elemento *otimista* existente na essência da dialética, que celebra em cada conclusão a sua festa de júbilo e só consegue respirar na fria claridade e consciência? Esse elemento otimista que, uma vez infiltrado na tragédia, há de recobrir pouco a pouco todas as suas regiões dionisíacas e impeli-las necessariamente à destruição – até o salto mortal no espetáculo burguês"[96]. Sócrates preconizava o controle da vontade pela razão, o que Nietzsche censurava afirmando que a vontade é maior que a razão e por isso o mundo não se altera com o esclarecimento. Fazia uma elegia à Tragédia, que celebra a vida apesar de seu pessimismo fundamental. Para ele, a arte é o significado da vida e a vida seria insuportável sem arte.

"Considerações extemporâneas" é escrito entre 1873-76 e contém uma crítica à "saturação histórica". Sem negligenciar a importância da História, ele destitui a importância do fato apontando uma "ilusão historicista"[97]. Nietzsche diferencia três categorias de relação com a História: a monumental é a busca de um modelo no passado; a antiquária procura a conservação de valores passados, que são raízes da vida presente, e a crítica, na qual ele se enquadra, que condena, no passado, os obstáculos dos próprios valores.

---

[96] Nietzsche, F. (1992) *O Nascimento da Tragédia ou Helenismo e Pessimismo*. São Paulo: Companhia das Letras, p. 89.

[97] A crítica ao historicismo é um princípio estruturalista.

Esse é o período em que se dá seu rompimento com Wagner por entendê-lo farsista, fato relevante que fará registro em "Humano, demasiado humano", também marco de distância da Filosofia de Schopenhauer, como pontua em "O Anticristo": "Schopenhauer era biófobo: por isso, a compaixão era para ele uma virtude [...] Como se sabe, Aristóteles via na compaixão um estado doentio e perigoso que poderia ser superado tomando-se um purgante ocasionalmente: ele entendia a tragédia como uma purgação. A partir do instinto da vida, dever-se-ia com efeito buscar um meio para punçar esse acúmulo perigoso e nocivo de compaixão, como representada pelo caso de Schopenhauer (e infelizmente também de toda nossa decadência literária e artística de São Petersburgo a Paris, de Tolstoi a Wagner): para que ela arrebente [...] Nada é mais doentio na nossa podre modernidade do que a compaixão cristã"[98].

Em 1879, o conhecido drama de saúde expresso nas incidentes dores de cabeça, e ainda o rompimento com o ensino de Filologia propiciaram suas passagens pela Suíça, Itália e França.

Mas, será em 1881, que o esboço articulado de seu pensamento se apresenta em "Aurora": "Sentimentos e sua origem nos juízos. - 'Confia em teu sentimento!' - Mas sentimentos não são nada de último, originário, por trás dos sentimentos há juízos e estimativas de valor, que nos foram legados na forma de sentimentos (propensões, aversões). A inspiração que provém do sentimento é o neto de um juízo - e muitas vezes de um juízo falso) - e, em todo caso, não de teu próprio juízo! Confiar em seu sentimento - isto significa obedecer mais ao seu avô e à sua avó e aos avós deles do que aos deuses que estão *em nós*: nossa razão e nossa experiência"[99].

Em 1882 mais um texto, "A gaia ciência", que tem início com um exergo com subscrito "Sobre minha porta": "Moro em minha própria casa, / Nada imitei de ninguém / E ainda ri de todo mestre, / Que não riu

---

[98] Nietzsche, F. (1996) *O Anticristo, Maldição do Cristianismo.* Rio de Janeiro: Clássicos Econômicos Newton, p. 31.

[99] Nietzsche, F. (1974[1880-81]) Aurora, pensamentos sobre os preconceitos morais. In: *Os Pensadores, Vol. XXXII.* São Paulo: Abril Cultural, p. 171.

de si mesmo"[100]. Esse texto é considerado uma promessa de novo destino para a humanidade.

A crítica ferrenha até esse ponto endereçada ao idealismo, ao evolucionismo, ao positivismo e ao romantismo não dá trégua, embora acrescente-se um severo combate ao cristianismo, resultante do anúncio da "morte de Deus", como movimento contrário da vitória do cristianismo sobre o pensamento antigo, expresso na tragédia grega.

Escreve ainda no "Anticristo": "O fato das raças fortes do norte da Europa não terem repelido o Deus cristão não atribui honra alguma ao seu talento religioso, para não falar do gosto. Deveriam ter sido capazes de dar um fim a esse fruto mórbido e decrépito da decadência. E sobre elas recai a maldição por não terem sido capazes de acabar com ele: contraíram a doença, a velhice, a contradição em todos seus instintos, e desde então falharam em criar um outro Deus! Quase dois milênios, e sequer um único novo Deus! Pois bem, até agora, e como se fosse de direito, como fruto supremo da capacidade representativa de Deus, como expressão máxima do espírito criador do homem, somente esse Deus digno de pena do monótono teísmo cristão! Essa híbrida criação nula do declínio, conceito e contradição em que todos os instintos da *décadence*, todas as covardias e fraquezas da alma têm sua aprovação!"[101].

Contudo, a obra prima de Nietzsche foi escrita em 1883, na Itália: "Assim falava Zaratustra". Essa obra será um verdadeiro estrondo por insurgir um ferrenho ataque ao cristianismo. Entretanto, é preciso entender que o ataque ao cristianismo não se refere a Cristo e sim à igreja que o distorce. Cristo, segundo Nietzsche, é um espírito livre, o homem mais nobre e o símbolo da cruz, o mais sublime, como jamais existiu. Na verdade, Cristo teria morrido para mostrar como se deve viver e isso ele demonstrou com sua vida, através da atitude diante dos juízes, dos acusadores e das calúnias e zombarias, como também, com sua atitude na cruz.

---

[100] Nietzsche, F. (1974[1881-82]) A Gaia Ciência. In: *Os Pensadores, Vol. XXXII.* São Paulo: Abril Cultural, p. 195.

[101] Nietzsche, F. (1996) *O Anticristo, Maldição do Cristianismo.* Rio de Janeiro: Clássicos Econômicos Newton, p. 40.

De maneira virulenta Nietzsche ataca os cristãos, especialmente o apóstolo Paulo, a quem atribui a proeza da vingança. Também escandaliza ao fazer uma elegia a Pilatos, como sendo a personagem mais digna do Novo Testamento, por seu sarcasmo diante da verdade, e ainda afirma que a grande esperança da humanidade mergulhada no cristianismo seria o papa César Bórgia, que poderia ter efetivado a *transvalorização dos valores cristãos,* com a edificação dos valores aristocráticos e nobres instintos terrestres. Todavia, Lutero teria feito abortar tal iniciativa fazendo valer sua vingança de monge mal-sucedido. Sobre a igreja dirá Nietzsche: "A igreja cristã não deixou nada intocado com sua podridão, transformou todo valor em não-valor, toda verdade em mentira, toda forma de integridade em vilania de alma [...] com seus ideais anêmicos de 'santidade' suga até a última gota de sangue, de amor, de esperança; o Além como vontade de negação de toda realidade; [...]"[102].

Portanto, a "morte de Deus" é responsabilidade dos homens e o rumo para a libertação da sua invenção, do sobrenatural e da falsa moral. Nietzsche travará, em nome disso, uma verdadeira guerra pela transformação dos valores que dominam até hoje. Esse é o argumento de, entre outros, "Além do bem e do mal", "Genealogia da moral" e "O Anticristo", onde escreve: "O homem é agradecido por ser homem: só por isso precisa de um Deus. Um Deus assim deve saber ser útil e prejudicial, saber ser amigo e inimigo. Ele é admirado no bem como no mal. A castração anti-natural de um Deus que se torna apenas um Deus do bem está totalmente fora do nosso ideal. O Deus bom é tão necessário quanto o mau: agradecemos nossa existência não necessariamente à tolerância, ao humanitarismo[...] Que importância teria um Deus que não conhecesse raiva, vingança, inveja, escárnio, astúcia, violência? Que não conhecesse nem os encantadores ardores da vitória nem os da destruição? Um Deus assim seria incompreensível: para que tê-lo? Com certeza: quando um povo está em perigo sente sua esperança de liberdade desvanecer de vez; quando se torna consciente da submissão como utilidade primordial, da virtude dos submissos como condição de

[102] Nietzsche, F. Op.cit.: 92.

sobrevivência, então seu Deus também deve ser outro"[103]. E ainda: "O espírito puro é puro engodo [...] Enquanto o padre ainda for tido como um homem superior, esse negador, esse difamador, envenenador profissional da vida, não existirá resposta para a pergunta: o que é verdade? A verdade é colocada de cabeça para baixo, quando o consciente advogado do nada e da negação passa pelo representante da 'verdade'[...]"[104].

Nietzsche defendia que a moral era propulsora do domínio de uns sobre os outros, assim forjou uma distinção entre moral aristocrática dos fortes e moral dos escravos, onde os primeiros são subjugados pelos segundos a partir de uma operação que se perfaz numa contraposição: os que não podem dar maus exemplos dão bons conselhos.

É preciso ainda, a propósito dos elementos legados de Nietzsche, registrar sua concepção do niilismo: "como *condição psicológica*, aparecerá, primeiramente, logo que sejamos forçados a dar a tudo o que acontece o 'sentido' que aí não se encontra: dessa forma, quem procura, acabará por perder a coragem"[105]. Ou seja, o declínio desse ideal é, para o filósofo, causa de niilismo.

Ele se opunha a sistematização e a idéia de uma universalidade: "Apesar de realizado o sentimento de não-valor compreendeu que não poderia interpretar o caráter geral da existência nem pela concepção de 'finalidade', nem pela de 'unidade', nem pela de 'verdade'"[106].

Essa revelação desvela as mentiras ancestrais e coloca o homem diante de sua solidão. Portanto, desfazem-se valores absolutos e a estrutura universal que é suportada por uma ordem cósmica. Não existe ordem nem sentido, mas existe a necessidade da vontade. O homem, desde sempre, é movido por uma necessidade de aceitação e de repetição, isso é o que Nietzsche chama de a doutrina do eterno retorno, retomado da Grécia e do Oriente.

Dessa forma o mundo não prossegue de forma linear para atingir um fim nem tampouco caminha na direção do progresso, como afirmava

---

[103] Nietzsche, F. Op. cit.: 37-38.
[104] Nietzsche, F. Op. cit.: 32.
[105] Nietzsche, F. (s.d.) *Vontade de Potência*. Rio de Janeiro: Ediouro, p. 88.
[106] Nietzsche, F. Op. cit.: 90.

Hegel. Tudo retorna. E é preciso que o mundo aceite a si mesmo e, com isso, a conseqüência é o amor, *amor fati*[107].

No entanto, isso é diferente da conformação do homem. O homem, nas palavras de Zaratustra, deve ser fiel à terra, pois Deus está morto e agora o pecado se refere ao sentido da terra: "Porém esse Deus morreu! Homens superiores, esse Deus foi o vosso maior perigo. Ressuscitastes desde que ele jaz na sepultura. Somente agora retorna o Grande Meio-Dia; agora torna-se senhor o homem superior. Compreendeis esta palavra, meus irmãos? Sobressaltai-vos: A tontura apodera-se do vosso coração? Abre-se aqui para vós o abismo? Ladra-vos o cão do inferno? Homens superiores! Somente agora dará à luz a montanha do futuro humano. Deus morreu: agora nós queremos que viva o super-homem"[108].

Nietzsche morreu em 1900 e, de acordo com os registros, louco. No final de sua obra ressaltou os mecanismos do corpo, das paixões e do inconsciente ao retratar o humano. Criticou sempre a moral que divide o homem entre partes aceitáveis e inaceitáveis, apontando-o como dividido e regido por uma das suas faces que representa um juiz.

Desde muito jovem, preferia a arte e a Filosofia à ciência, porém corroborou as idéias de Darwin, apesar de se opor ao cientista, por entender que a idéia da evolução natural negava o impulso humano de explorar e analisar. Dizia que as formas de vida não querem apenas a preservação da espécie, mas, principalmente, a conquista, a vontade de poder.

Certamente que todos os que se detiverem na obra de Nietzsche acompanhando o curso das idéias que lhe são ulteriores dar-se-ão conta de que ele desenvolve uma verdadeira propedêutica. Suas teorias, que abordam o problema da consciência, mostrando que ela é uma superfície relativa às obscuridades que se desconhece, são, sem dúvida, anúncios da Psicanálise reconhecidos por seu fundador: "Em anos posteriores, neguei a mim mesmo o enorme prazer da leitura das obras de Nietzsche, com o propósito deliberado de não prejudicar, com qualquer espécie de idéias antecipatórias, a elaboração das impressões recebidas na

---

107 O *amor fati* é a aceitação do eterno retorno, amor ao destino.

108 Nietzsche, F. (1977) *Assim falava Zaratustra*. São Paulo: Hemus, p. 218.

Psicanálise. Tive, portanto, de me preparar – e com satisfação – para renunciar a qualquer pretensão de prioridade nos muitos casos em que a investigação psicanalítica laboriosa pode apenas confirmar as verdades que o filósofo reconheceu por intuição"[109].

O humanitarismo do fim do século, pautado pela anestesia do sentimento de culpa, é radicalmente atacado por Nietzsche e, por ele tratado em Zaratustra, como sublinha ainda Freud: "Um amigo chamou minha atenção para o fato de que o 'criminoso em conseqüência de um sentimento de culpa' também já era do conhecimento de Nietzsche. A preexistência do sentimento de culpa e a utilização de uma ação a fim de racionalizar esse sentimento cintilam diante de nós nas máximas de Zaratustra 'Sobre o Criminoso Pálido'. Deixemos para uma futura pesquisa a decisão quanto ao número de criminosos que devem ser incluídos entre esses 'pálidos'"[110].

Freud, claramente, admitiu as aproximações de suas idéias com o que havia sido proclamado por Nietzsche e aponta essa aproximação no sentido de efetivar uma confirmação de suas descobertas: "Li Schopenhauer muito tarde em minha vida. Nietzsche, outro filósofo cujas conjecturas e intuições amiúde concordam, da forma mais surpreendente, com os laboriosos achados da Psicanálise, por muito tempo foi evitado por mim, justamente por isso mesmo; eu estava menos preocupado com a questão da prioridade do que em manter minha mente desimpedida"[111].

Nietzsche brada para provocar humanidade nos homens, exige que abandonem a submissão e afirmem-se. Criticando a ingenuidade do humanitarismo do século XIX, ele promulga a complexidade do homem

---

[109] Freud, S. (1974[1914-16]) *Fluctuat Nec Mergitur.* In: *Edição Standard Brasileira das Obras Psicológicas Completas de Sigmund Freud. Vol. XIV. A História do Movimento Psicanalítico, Artigos sobre Metapsicologia e outros trabalhos.* Rio de Janeiro: Imago, p. 25-26.

[110] Freud, S. (1974[1914-16]) Criminosos em conseqüência de um sentimento de culpa. In: *Edição Standard Brasileira das Obras Psicológicas Completas de Sigmund Freud. Vol. XIV. A História do Movimento Psicanalítico, Artigos sobre Metapsicologia e outros trabalhos.* Rio de Janeiro: Imago, p. 376-377.

[111] Freud, S. (1974[1925-26]) Um estudo autobiográfico. In: *Edição Standard Brasileira das Obras Psicológicas Completas de Sigmund Freud. Vol. XX. Um estudo autobiográfico; Inibições, Sintomas e Ansiedade; A questão da Análise Leiga e outros trabalhos.* Rio de Janeiro: Imago, p. 76.

na contramão das racionalizações simplistas. Em "Além do Bem e do Mal" afirma essa complexidade mostrando que as normas e convenções não recobrem tudo que é imperioso e obscuro no homem. Dessa forma subvertia hábitos aceitos tacitamente mostrando a insuficiência da Filosofia para dar conta da vida.

Por esse caminho o filósofo germânico abre caminho para a descoberta freudiana antecipando várias noções que serão articuladas por Freud, como por exemplo: o inconsciente, a repetição, a representação onírica, o desejo de morte, a culpa, uma ética do desconhecido contrária à moral, e muitas outras que Freud aborda em muitas passagens de sua obra.

Quanto à influência nietzschiana na obra de Lacan, encontramos em sua biografia uma passagem, de quando tinha 24 anos, na qual depois de afirmar seu ateísmo escreve um texto que escandaliza a todos, sobre Nietzsche, para seu irmão pronunciar no colégio Stanislas. Portanto, precocemente, Lacan tomará conhecimento da obra de Nietzsche, lendo-a no alemão. O interesse pelo filósofo germânico revela, desde cedo, a faceta irreverente, mundana e libertina de Lacan.

Todavia, é fundamental ressaltar que a via por onde o pensamento de Nietzsche se faz patente para o jovem Lacan não é apenas obra de uma prodigiosa inspiração pessoal. Nietzsche é um pensador cujas idéias servirão como flâmula de uma gama extensa de contestações e conseqüentes insurreições, na cidade das luzes, que soma as cabeças outorgantes da nova estrutura. A pronúncia de seu nome, por si só, serve de arsenal nos anos de tensão e, posteriormente, de revolta num pós-guerra que esculpe das cinzas construindo novos parâmetros concernentes ao humano. Com o eco de sua verve, se vê soerguer a desconstrução heideggeriana e um anti-humanismo imponente.

Quanto a Lacan, por volta de 1932, do mesmo modo que o encontro com o movimento surrealista impulsionou o avatar de sua leitura filosófica, levando-o ao texto de Hegel, Marx e Heidegger, acentuou o lugar da obra nietzschiana, como portadora de elementos inovadores e alinhados à descoberta freudiana.

Sem dúvida, a ascensão de Lacan no meio intelectual e psicanalítico se dá mostrando os sinais das identificações com a vontade de poder identificada na obra de Nietzsche. Ele jamais se curvou a alguma alteridade, não era dado aos limites, levava o espírito de liberdade às últimas conseqüências, sequer reconhecia a autoridade de seu pai e não era dado a renúncia de seus caprichos. Vê-se nessas facetas o eco da voz nietzschiana.

Nietzsche desenvolvera uma moral que levava em conta a loucura. A partir disso Lacan irá apontar que ele se ergueu para denunciar a marginalização e explora essa afirmação dentro da lógica dos discursos falando do saber do gozo e do discurso do senhor, que se apresentam no mal-estar da civilização. Só os senhores, segundo Nietzsche, têm o direito de darem os nomes; Lacan sublinha essa assertiva.

Há ainda, de tantos sinais da influência nietzscheana na formulação psicanalítica, uma operação descrita por ele, em forma de poesia, que é verdadeira antecipação da teoria da subjetivação do sujeito e da barra do outro de Lacan, e que está registrada no trecho do exergo que inicia esse artigo sobre Nietzsche, que junto com Freud abre as portas do inferno para o século XX.

Einstein – Os dados de Deus

O avanço da Física, na passagem do século XIX para o XX, é de uma amplitude inestimável. O conhecimento dessa ciência no século XIX era abordável por uma esquematização de poucos elementos, de forma que é surpreendente o salto dado em algumas décadas.

O caminho por ela tomado neste último século segue dois rumos, sistematizados em programas distintos. A crise da Mecânica é propulsora do primeiro desses dois programas avançando com o referencial eletromagnético e com a referência da relatividade. O segundo programa tinha relação com a interação entre matéria e radiação que girava em torno do quanta. Os dois programas aproximavam-se na quantística relativista, porém efetuavam distintas pesquisas.

O primeiro programa, que tem como elemento fundamental a relatividade, é concebido a partir da mente de Albert Einstein, nascido em 14 de março de 1879 na cidade de Ulm, na Alemanha.

Se no final do século XIX encontra-se uma dualidade entre as equações de Newton, que descrevem o movimento dos elétrons, e as equações de Maxwell, que determinam o campo gerado por estes corpúsculos, através do qual se exercem ações mútuas, no século XX, Planck encontra uma solução para o problema da distribuição espectral da energia da radiação isotérmica. Sua solução baseava-se na hipótese de que trocas de energia entre os átomos e a radiação ocorrem segundo uma ou mais quantidade de energia, idêntica entre si, fixa e definida para cada freqüência. Tal hipótese se opunha à Mecânica e à Eletrodinâmica, que postulam a continuidade do movimento dos corpúsculos e a troca de energia, segundo quantidades arbitrariamente pequenas. Dessa forma, os trabalhos de Planck revelam, de maneira incisiva, a insuficiência do formalismo da Mecânica de Newton para a descrição dos fenômenos atômicos.

Em 1905, Einstein examina essa teoria, observando o seu significado para a estrutura da radiação. Aplica a teoria quântica de Planck em sua construção sobre o efeito fotoelétrico sublinhando sua significação revolucionária. Mas pontuará a carência de fundamentação teórica nessa teoria buscando, nas pesquisas do físico dinamarquês Niels Bohr, sobre a quantização do movimento dos elétrons e a estrutura dos átomos, os elementos para suas construções ulteriores. Tão importante, para Einstein, foram as descobertas de Bohr que dirá que seus trabalhos eram: "a mais alta forma de musicalidade no domínio do pensamento"[112].

A abordagem dessas questões dará origem a modificações diretas das bases geométricas e cinemáticas da Mecânica newtoniana.

O princípio da relatividade de Galileu, baseado no emprego de suas fórmulas de transformação às equações da Mecânica, aplicado às leis da eletrodinâmica, gerou a possibilidade de caracterizar um sistema de referência privilegiado, dotado de repouso absoluto, o éter. Entretanto, as experiências realizadas com intuito de detectar o movimento absoluto da terra em relação a esse éter resultaram infrutíferas.

Entre 1904 e 1905 surgiram três notáveis pesquisas que deram solução a esse impasse. Lorentz mostrou que as fórmulas de transformação de Galileu deveriam ser substituídas por outras mais gerais; Poincaré, ancorado nas fórmulas de Lorentz, enuncia, pela primeira vez, o princípio da relatividade, segundo o qual os fenômenos físicos estão condicionados às mesmas leis quando observados a partir de pontos que se movem em relação recíproca, através de movimento retilíneo uniforme, afirmando, no entanto, a efetividade do éter como realidade Física. Einstein, com sua teoria da relatividade restrita ou estrita, assevera que os fenômenos eletrodinâmicos e mecânicos não possuem propriedades correspondentes à idéia de repouso absoluto, o que elimina a imposição do éter. Ele dizia que: "Antes da Teoria da Relatividade, a física sempre admitia tacitamente que o significado das indicações de tempo era absoluto, isto é, que elas não dependiam do estado de movimento do corpo de referência. Mas acabamos de ver que esta suposição é incompatível com a definição tão

---

[112] Leite Lopes, J. (1958) *Einstein e outros ensaios*. Rio de Janeiro: Departamento de imprensa nacional, p. 5.

natural de simultaneidade; se a rejeitarmos, desaparece o conflito [...] entre a lei da propagação da luz no vácuo e o princípio da relatividade"[113].

Os conceitos de espaço e tempo são subvertidos a partir da teoria da relatividade restrita, com ela esses conceitos deixam de ser valores absolutos para firmarem-se como valores relativos.

As medições do espaço e do tempo, desconsiderando-se as forças inerciais, são diferentes, dependendo do referencial do observador. Há, porém, a exceção da luz, que se difunde no vácuo a uma velocidade de trezentos mil quilômetros por segundo. A massa, ao contrário, altera-se de acordo com a sua velocidade. À velocidade da luz os corpúsculos tornam-se tão pesados que impossibilitam uma nova aceleração. Isso determina que até os núcleos atômicos podem se transformar em intensas quantidades de energia, princípio constitutivo da energia nuclear e da bomba atômica.

É por essa época que Einstein forja sua famosa lei $E=mc^2$ (E = energia; m = massa; c = velocidade da luz) que serve de fórmula para diversos fenômenos nucleares. "A passagem da Mecânica clássica à relatividade estrita foi dada por Kuhn como um dos melhores exemplos de 'revolução científica' entendida como transição de um paradigma a outro, não cumulativa, mas com nova fundamentação teórica global"[114].

Onze anos após a consagração da teoria da relatividade restrita, seu criador propõe para ela uma nova versão: a teoria da relatividade geral. O novo invento ultrapassa os limites impostos pelo movimento retilíneo uniforme afirmando que as leis da Física são idênticas quando observadas de qualquer sistema de referência, mesmo que acelerado, contanto que sejam considerados também os efeitos do campo gravitacional eventual. Ou seja, o tempo depende da velocidade do movimento relativo.

O próprio Einstein fica perplexo diante da insurreição de sua teoria e atormenta-se com a derrocada do absoluto; como conseqüência

---

[113] Einstein, A. (1999) *A Teoria da Relatividade Especial e Geral*. Rio de Janeiro: Contraponto, p. 28-29.

[114] Reale, G. e Antiseri, D. (1991) História da Filosofia. Do Romantismo até nossos dias. Volume III. São Paulo: Paulus, p. 974.

de sua tese dirá: "Não posso acreditar que Deus jogue dados com o mundo"[115].

O pensamento científico de Einstein altera de maneira espetacular o ritmo da humanidade. Em conseqüência de seu engenho o século XX acelera a anos-luz o conhecimento sobre o universo. Nunca se criou tanto, tão rapidamente.

Einstein e Freud são contemporâneos, os dois gênios encontram-se na velhice, cobertos pelo reconhecimento de suas obras. Entre eles decorre uma comunicação comovente que deixa seus registros. Einstein, numa longa demonstração de apreço, escreve a Freud em 1932 convidando-o para uma intervenção a propósito da guerra, a qual Freud responde num tom recíproco.

Em 1931, o Instituto Internacional para a Cooperação Intelectual criou uma dinâmica de correspondências entre intelectuais de destaque, em torno de temas relevantes e de interesse comum. As cartas seriam publicadas, periodicamente, com a função de dinamizar a vida intelectual. Entre os primeiros a participar do circuito estava Einstein, que sugere o nome de Freud como seu destinatário. Freud é convidado a introduzir-se no programa e confirma sua participação. No início de agosto de 1932 recebe de Einstein uma missiva destinando-lhe um convite:

"Caputh junto a Potsdam, 30 de julho de 1932".

Prezado Professor Freud

A proposta da Liga das Nações e de seu Instituto Internacional para a Cooperação Intelectual, em Paris, de que eu convidasse uma pessoa, de minha própria escolha, para um franco intercâmbio de pontos de vista sobre algum problema que eu poderia selecionar, oferece-me excelente oportunidade de conferenciar com o senhor a respeito de uma questão que, da maneira como as coisas estão, parece ser o mais urgente de todos os problemas que a civilização tem de enfrentar. Este é o problema: Existe alguma forma de livrar a humanidade da ameaça de guerra? [...]

---

115 Margenau, H., Bergamini, D. e redatores. (1968) O Cientista. In: *Biblioteca Científica Life*. Rio de Janeiro: Livraria José Olimpo, p. 173.

Sei que nos escritos do senhor podemos encontrar respostas, explícitas ou implícitas, a todos os aspectos desse problema urgente e absorvente. Mas seria da maior utilidade para nós todos que o senhor apresentasse o problema da paz mundial sob o enfoque das suas mais recentes descobertas, pois uma tal apresentação bem poderia demarcar o caminho para novos e frutíferos métodos de ação.

Muito cordialmente,
A. EINSTEIN. Viena, setembro de 1932"[116].

Um mês depois Freud responde:

"Prezado Professor Einstein,

Quando soube que o senhor intencionava convidar-me para um intercâmbio de pontos de vista sobre um assunto que lhe interessava e que parecia merecer o interesse de outros além do senhor, aceitei prontamente. Esperava que o senhor escolhesse um problema situado nas fronteiras daquilo que é atualmente cognoscível, um problema em relação ao qual cada um de nós, físico e psicólogo, pudesse ter o seu ângulo de abordagem especial, e no qual pudéssemos nos encontrar, sobre o mesmo terreno, embora partindo de direções diferentes. O senhor apanhou-me de surpresa, no entanto, ao perguntar o que pode ser feito para proteger a humanidade da maldição da guerra. [...]

E quanto tempo teremos de esperar até que o restante da humanidade também se torne pacifista? Não há como dizê-lo. Mas pode não ser utópico esperar que esses dois fatores, a atitude cultural e o justificado medo das conseqüências de uma guerra futura, venham a resultar, dentro de um tempo previsível, em que se ponha um término à ameaça de guerra. Por quais caminhos ou por que atalhos isto se realizará, não podemos adivinhar. Mas uma coisa podemos dizer: tudo o que estimula o crescimento da civilização trabalha simultaneamente contra a guerra.

---

[116] Freud, S. (1976[1932-36]) Por que a guerra? Carta de Einstein. In: *Edição Standard Brasileira das Obras Psicológicas Completas de Sigmund Freud. Vol. XXII. Novas conferências introdutórias sobre a psicanálise e outros trabalhos*. Rio de Janeiro: Imago, p. 241-244.

Espero que o senhor me perdoe se o que eu disse o desapontou, e com a expressão de toda estima, subscrevo-me,

Cordialmente,

SIGM. FREUD"[117].

A proximidade cronológica das descobertas de Freud e de Einstein não permitiu, no entanto, que cada um deles pudesse alcançar e acompanhar as contribuições do outro.

"Einstein e Freud, absolutamente, nunca foram íntimos um do outro e apenas tiveram um encontro no início de 1927, na casa do filho mais novo de Freud, em Berlim. Em carta a Ferenczi, dando conta do ocorrido, Freud escreveu: 'Ele entende tanto de Psicologia quanto eu entendo de Física, de modo que tivemos uma conversa muito agradável.' Algumas cartas muito amistosas foram trocadas entre os dois, em 1936 e 1939"[118].

Se não foi possível que as avançadas teorias einsteinianas influenciassem a Psicanálise pela via da letra de seu fundador, seus reflexos, no entanto, se farão presentes, décadas mais tarde, no pensamento de Lacan. Ele ficará muito atento para essas insurgências redimensionando, de forma original e decisiva, a questão do tempo do inconsciente.

Mas façamos uma pequena incursão acerca do tempo na Psicanálise de forma a encontrarmos o elo de ligação da influência do pensamento de Einstein na construção de Lacan.

Quando nos detemos, rapidamente, na articulação filosófica e científica do conceito de tempo, encontramos dificuldades para acompanhar imediatamente a que postulado Freud se contrapunha quando afirma ser o inconsciente atemporal, ou seja, a que tempo se refere o que é negado pelo prefixo. Vejamos, então, de que forma é possível estabelecer o princípio da atemporalidade freudiana.

---

[117] Freud, S. (1976[1932-36]) Por que a guerra? Carta de Freud. In: *Edição Standard Brasileira das Obras Psicológicas Completas de Sigmund Freud. Vol. XXII. Novas conferências introdutórias sobre a psicanálise e outros trabalhos*. Rio de Janeiro: Imago, p. 245-259.

[118] Freud, S. (1976[1932-36]) Por que a guerra? Nota do Editor Inglês. In*: Edição Standard Brasileira das Obras Psicológicas Completas de Sigmund Freud. Vol. XXII. Novas conferências introdutórias sobre a psicanálise e outros trabalhos*. Rio de Janeiro: Imago, p. 238.

Quando Freud trata, nas "Conferências introdutórias", dos caminhos da formação dos sintomas, ele recorre à noção de passado: "Retornemos agora aos sintomas. Estes criam, portanto, um substituto, da satisfação frustrada, realizando uma regressão da libido a épocas de desenvolvimento anteriores, regressão a que necessariamente se vincula um retorno a estádios anteriores de escolha objetal ou de organização. Descobrimos, há algum tempo, que os neuróticos estão ancorados em algum ponto do seu passado; agora sabemos que esse ponto é um período do seu passado, no qual sua libido não se privava de satisfação, no qual eram felizes. Buscam na história de sua vida, até encontrarem um período dessa ordem, ainda que tenham de retroceder tanto, que atinjam a época em que eram bebês de colo – tal como dela se lembram ou a imaginam, a partir de indícios posteriores. De algum modo, o sintoma repete essa forma infantil de satisfação, deformada pela censura que surge no conflito, via de regra transformada em uma sensação de sofrimento e mesclada com elementos provenientes da causa precipitante da doença"[119].

Acompanhando Freud nesse parágrafo sobre uma formação do inconsciente, como pensar a atemporalidade?

Talvez um outro trecho da Conferência XVIII nos aponte uma vereda para definir a questão: "Ambas as pacientes dão-nos a impressão de se terem 'fixado' em uma determinada parte de seu passado, como se não conseguissem libertar-se dela, e estivessem, por essa razão, alienadas do presente e do futuro. Assim, elas permaneceram enclausuradas em sua doença, da mesma forma como, em épocas anteriores, as pessoas se retiravam para dentro de um mosteiro, a fim de ali suportarem a carga de suas vidas desditosas"[120].

---

[119] Freud, S. (1976[1916-17]) Os Caminhos da Formação dos Sintomas. Conferência XXIII. In: *Edição Standard Brasileira das Obras Psicológicas Completas de Sigmund Freud. Vol. XVI. Conferências Introdutórias sobre Psicanálise (Parte III).* Rio de Janeiro: Imago, p. 427.

[120] Freud, S. (1976[1916-17]) Fixação em Traumas – O Inconsciente. Conferência XVIII. In: *Edição Standard Brasileira das Obras Psicológicas Completas de Sigmund Freud. Vol. XVI. Conferências Introdutórias sobre Psicanálise (Parte III).* Rio de Janeiro: Imago, p. 323.

O problema para Freud não parece ser ignorar a dimensão do tempo cronológico e, sim, situar um certo movimento que contém como princípio da marcação, não a sucessão absoluta e invariável do evento, como asseverava a filosofia clássica e, mais especificamente, Kant, mas, sim, uma tomada do tempo que se dá a partir de um referente, o representante da formação inconsciente. Dessa maneira a "realidade psíquica" preside a referência da marcação do tempo próprio do inconsciente.

Ora, isso é muito próximo da relativização feita por Einstein sobre o tempo que é retomado por Bergson e Heidegger. Ocorre que Freud é contemporâneo do primeiro e do segundo e antecede, historicamente, o terceiro, o que, sem dúvidas, elimina a possibilidade de que tivesse ele se contrapondo a essas últimas noções sobre o tempo em sua subversão que tem o nome de atemporalidade (*Zeitlosigkeit*).

Se o tempo inconsciente não é cronometrável do mesmo modo que é possível demarcar no registro da consciência, isso não nos permite, por si só, afirmar que a atemporalidade de que nos fala Freud seja apenas da ordem de uma oposição a essa marcação.

O conceito de atemporalidade no alemão, *Zeitlosigkeit*, tem o sentido de algo que não é fixável no tempo, o que seria, por exemplo, como dizer que Hegel é atemporal por sua imperecibilidade na sucessão do tempo.

De certa forma, isso se aplica às características do inconsciente, mas não deixa de conter uma referência ao tempo, tal como é conceituado pela filosofia, pela metafísica ou mesmo pela ciência.

O termo cronologia vindo do grego contém uma significação relativa ao estudo do tempo. De que maneira, portanto, estaria o inconsciente colocado, segundo uma lógica temporal, numa posição que anula a cronologia? Ou melhor, como dizer que o inconsciente é regido numa atemporalidade que se esclarece simplesmente ao ser dito que ele possui um tempo não-cronológico?

Lacan irá se debruçar sobre esse problema, estatuindo um tempo lógico. Para tratar e encaminhar a questão escreverá um texto magistral intitulado "O tempo lógico e a asserção da certeza antecipada". Nesse texto, o qual chamará de "meu pequeno sofisma", irá demonstrar como se coloca a lógica do tempo na assunção do sujeito.

Aliás, ele afirma que: "a transferência é uma relação essencialmente ligada ao tempo e seu manejo"[121], de onde podemos entrever as implicações desse conceito na clínica.

É importante sublinhar de que modo o problema do tempo é tomado por Lacan de forma distinta da acepção freudiana. Certamente que encontramos o esclarecimento para essa torção no fato de ser o próprio conceito de inconsciente distinto para os dois. Ou seja, para Freud o inconsciente enquanto representações recalcadas do Id seria uma massa inscrita num tempo passado ao que é recortado. Esses elementos, no entanto, se condensariam e deslocariam atemporalmente, ou seja, à revelia da ordenação sucessiva da inscrição no tempo.

Para Lacan as coisas se passam de outra maneira.

O tempo é uma propriedade do pensamento. Só há tempo se é possível contar. Contar e contar-se é uma operação própria do humano, logo, do ponto de vista cartesiano, uma propriedade do pensamento. Mas, se estabelecemos com a Psicanálise que existe um sujeito do inconsciente e um pensamento inconsciente, então devemos demonstrar de que forma, para o pensamento consciente e para o pensamento inconsciente, dar-se-á um tempo distinto, se é que podemos dizer que é de um tempo distinto que se trata.

Freud afirmava: "Os processos do sistema *Ics.* são *atemporais*; isto é, não são ordenados temporalmente, não se alteram com a passagem do tempo; não têm absolutamente qualquer referência ao tempo. A referência ao tempo vincula-se, mais uma vez, ao trabalho do sistema *Cs*"[122].

Essa assertiva nos remete imediatamente à diferença da tomada do inconsciente segundo Freud e segundo Lacan. O que torna possível a Freud falar de uma falta de tempo é a atribuição que ele faz do inconsciente como elementos de uma anterioridade que se comutam segundo as leis

---

[121] Lacan, J. (1998[1964]) Posição do inconsciente no Congresso de Bonneval. In: *Escritos*. Rio de Janeiro: Jorge Zahar, p. 858.

[122] Freud, S. (1974[1914-16]) O Inconsciente. As Características Especiais do Sistema ICS. In: *Edição Standard Brasileira das Obras Psicológicas Completas de Sigmund Freud. Vol. XIV. A História do movimento psicanalítico, artigos sobre metapsicologia e outros trabalhos*. Rio de Janeiro: Imago, p. 214.

que o rege. Esses elementos, portanto, estão sujeitos a uma álgebra que define seus resultados ignorando a ordem de suas inscrições no tempo. Sendo assim, as formações do inconsciente podem lançar mão de representações psíquicas que edificarão seus complexos reunindo elementos alheios à ordem do tempo.

Acontece que, como já vimos, desde Einstein o conceito de tempo é relançado quanto à relatividade de sua ordenação: "De maneira geral pode-se dizer o seguinte: toda descrição física se decompõe em um certo número de afirmações, cada uma das quais está relacionada com a coincidência espaço-temporal de dois eventos A e B. Cada uma destas afirmações é expressa nas coordenadas gaussianas através da coincidência das quatro coordenadas x1, x2, x3, x4. Assim, a descrição do contínuo espaço-temporal por meio de coordenadas gaussianas substitui inteiramente a descrição com auxílio de um corpo de referência, sem no entanto, apresentar as falhas deste último método de descrição: ela não depende do caráter euclidiano do contínuo a ser representado"[123].

Sendo assim, que o inconsciente condense e desloque elementos ignorando a ordem da inscrição no tempo não teria nenhuma incompatibilidade com o conceito de tempo vigente na ciência do tempo de Freud.

Temos então que concluir que o problema do tempo ou da atemporalidade do inconsciente em Freud carece de articulação.

Vejamos então como é que Lacan dará conta dessa articulação.

Se o sujeito do inconsciente, para Lacan, é efeito do advento do simbólico, o problema do tempo fica por ele colocado como um problema entre o ser e o pensar no jogo da identificação, de maneira que a identificação é o que divide esses dois termos.

Desse modo ancoramos no ponto onde se revela toda a problemática do sujeito tal como Lacan nos propõe pensar. Ele nos demonstra a complexidade de contagem para um sujeito, afirmando que essa operação convoca o contar-se três.

Para Lacan o sujeito em sua evanescência não substantivável, é um sujeito suposto e isso é colocado de forma tão sutil que terá que recolocar a noção de intersubjetividade proposta por ele, anteriormente.

---

[123] Einstein, A. (1999) *A Teoria da Relatividade Especial e Geral.* Rio de Janeiro: Contraponto, p. 80.

O sujeito não é a pessoa. Isto é o que Lacan leva adiante até as últimas conseqüências. E essas conseqüências não são poucas. Erik Porge diz: "Nodulando a lógica do sujeito ao tempo, Lacan se separa de Freud. Para este, a lógica do tempo, com a noção de só-depois na formação dos sintomas, e a das relações do indivíduo ao coletivo (Em Psicologia de Grupo e Análise do Ego) permanecem separadas. O tempo só intervém nessa última obra sob o modo de uma diacronia que remonta às origens da História. Para Lacan, a lógica do sujeito se nodula a três determinações de tempo que, agindo sobre três sujeitos, contribuem para precipitar o momento de asserção do sujeito. Lacan não se contenta em dizer que os acontecimentos são integrados no tempo do sujeito, mas toma o tempo como acontecimento constituinte de uma certeza no ato antecipado de concluir"[124].

Essa estrutura Lacan demonstrará com o máximo rigor no nó borromeu e tem como texto clássico o escrito "O tempo lógico e a asserção de certeza antecipada"[125]. Nesse texto ele retoma a lógica dos jogos modernos com minúcia e faz operar três tempos que chama: "instante do olhar", "tempo para compreender" e "momento de concluir".

No término do jogo dos discos, com o qual nos detém em suas marcações, dirá que "passado o tempo para compreender o momento de concluir, é o momento de concluir o tempo para compreender"[126].

É esse o único sentido do tempo, pois é dessa forma que dá a conhecer aos outros que o sujeito concluiu. Conclusão que se faz numa asserção que atinge a verdade, que, então, é posta em dúvida, mas que não poderia ser aferida sem que houvesse essa primeira certeza.

O desenrolar da afirmação em jogo coloca a problemática de uma verdade que se efetiva num paradoxo lógico que a perfaz, antecipando-se ao erro e "avançando sozinha no ato que gera sua certeza"[127].

---

[124] Porge, E. (1998) *Psicanálise e Tempo – o tempo lógico de Lacan*. Rio de Janeiro: Companhia de Freud, p. 177.

[125] Lacan, J. (1998[1955]). O tempo lógico e a asserção de certeza antecipada. In: *Escritos*. Rio de Janeiro: Jorge Zahar.

[126] Lacan, J. Op. cit.: 206.

[127] Lacan, J. Op. cit.: 211.

Essa demonstração lógica apresenta uma depreensão do que Freud afirma em "Psicologia de grupo e análise do ego"[128], a saber, que o verdadeiro ninguém o atinge a não ser através dos outros.

Verdade e tempo são dois termos articulados por Lacan na clínica da Psicanálise, compondo o móbil da transferência. Daí decorre sua inserção, na clínica, de uma inovação técnica que abreviava a duração das sessões, pontuando o enunciado do significante, o que lhe valeu muito transtorno e o começo de uma guerra que culminará com o seu afastamento da International Psychoanalytical Association (IPA).

A verdade, tal como formulada na perspectiva analítica, rompe com o pretenso absoluto e galga o estatuto de uma nova Ética. A verdade da Psicanálise é a verdade do desejo, que se insinua como verdade do sujeito do inconsciente.

Esse sujeito é levado pelo significante que produz tempo, como efeito evanescente da britadeira do simbólico. E o que o leva no rumo do sentido é o manancial metonímico entrecortado pela afluência metafórica, que reconduz o sentido. O tempo aí é o tempo da morte simbólica, efetivada por mais um significante, situado na diferença, com a barra do Outro.

---

[128] Cf. Freud, S. (1976[1921]). Psicologia de grupo e análise do ego. In: *Edição Standard Brasileira das Obras Psicológicas Completas de Sigmund Freud. Vol. XVIII. Além do princípio de prazer.* Rio de Janeiro: Imago. Nesta obra ele irá tomar coletivo como o sujeito do individual.

CAPÍTULO III

As ciências humanas e a modernidade

Epistemologia e Matemática

Como já vimos, os paradigmas que fundam a engrenagem do pensamento de Lacan constam da ciência do signo de Saussure e da obra freudiana relida por ele, a partir da Lingüística moderna.

Também é notável que essa engrenagem traz a marca dos sistemas de pensamento forjados entre os séculos XVIII e XX por Goethe, Hegel, Darwin, Kierkegaard, Marx, Nietzsche e Einstein, que alteram em inestimáveis aspectos e inovam em muitos outros tudo o que se conduz no inventivo século XX.

Mas é preciso registrar que o vasto e precioso circuito de interlocução em que Lacan irá comutar suas idéias, especificamente no cerne do movimento estruturalista francês, terá, em seu estilo de produzir e afirmar suas elaborações, uma rigorosa metodologia de teor epistemológico.

O ponto de partida determinante desse modelo se encontra nas admoestações de Martial Guéroult diante do risco de que a Filosofia viesse a ser absorvida pela Psicologia, Epistemologia e Sociologia. Com o sentido de evitar tal anúncio, move-se tomando uma postura que nega a temporalidade, a diacronia, a busca de filiações e a gênese dos sistemas. Guéroult primava por apontar o ponto de vista estrutural dentro de um texto: "O seu ensino devia permitir toda uma ginástica intelectual e os alunos de Saint-Cloud eram submetidos ao que ele chamava 'o pequeno exercício Guéroult', que consistia, a partir de uma proposição de um filósofo, em demonstrar que ele teria podido fazer de outro modo a mesma demonstração de uma maneira mais econômica"[129]. Com isso o historiador estabelecia que o interesse nos sistemas filosóficos não estava

[129] Dosse, F. (1993) *História do Estruturalismo. Volume I, O campo do signo – 1945/1966.* São Paulo: Ensaio, p. 104.

no argumento filosófico, mas sim na realidade autônoma das estruturas da obra.

O método Guéroult influencia toda uma geração e propulsiona o redimensionamento do significado do termo Epistemologia. Em torno desse ensino, o grupo dos futuros estruturalistas apreende sua tomada e confere êxito a reflexão epistemológica efetivando uma investigação sobre o objeto das disciplinas, a validade dos conceitos e a ambição científica indo, no entanto, adiante da questão do procedimento científico, estabelecendo uma dialética com o ideológico.

Certamente que essa concepção advém da Filosofia e por isso herda seu formalismo recorrendo ao domínio da Matemática, especialmente à Matemática moderna dos anos 50 e 60 com suas noções de conjuntos, cujos elementos são inespecíficos e deduzidos a partir de axiomas de estruturas fundantes, que encontram seu protótipo na estrutura algébrica e ainda na estrutura topológica.

Portanto, as ciências humanas do tempo de Lacan referem-se à Lógica e à Matemática para tratar e construir sistemas que sejam regidos por uma estrutura epistêmica, o que Foucault chamava de arqueologia do saber.

Mas o que é epistemologia? Epistemologia é uma parte da Filosofia que se dedica ao problema do conhecimento. O problema epistêmico está situado na história do pensamento desde os primórdios da Filosofia grega, onde encontramos os registros sobre o pensamento socrático, que já apresentam essa questão de maneira articulada interrogando a origem do conhecimento, sua natureza e os elementos envolvidos em sua produção.

A explicação racional para um fenômeno foi buscada de muitas maneiras, ao longo dos séculos, forjando diversas e distintas respostas. Assim, as proposições alteravam-se, de modo que, para Platão, por exemplo, o conhecimento era originário da idéia enquanto que, para Aristóteles, a fonte de conhecimento era a realidade.

Desde então idealistas[130], realistas e empiristas se debatem tentando solucionar o problema sem que, para isso, se estabeleça uma resposta absoluta.

---

130 O termo idealismo só se introduz na linguagem filosófica no século XVII referindo-se à doutrina platônica das idéias.

A Epistemologia é a maneira de tratar um problema advindo de um pressuposto filosófico específico, ou seja, é uma teoria do conhecimento. Pode-se dizer que a teoria do conhecimento trata, especificamente, da realidade das coisas ou do mundo externo.

Em sua origem essa teoria é idealista, pois, como afirma Descartes, apenas a idéia ou sua representação é uma entidade mental que existe dentro da consciência. Entretanto, se não existe fora da consciência é preciso ainda discernir se essa idéia é real ou irreal. Por tal caminho é que a Epistemologia é identificada com a Lógica.

Mas essa questão, que numa certa tradição filosófica assim se conforma, terá sua circunscrição retomada no cerne da atitude estruturalista. Dessa forma, escreve Michel Foucault: "A ordem, sobre cujo fundamento pensamos, não tem o mesmo modo de ser que a dos clássicos. Por muito forte que seja a impressão que temos de um movimento quase ininterrupto da *ratio* européia desde o Renascimento até nossos dias, [...] toda esta quase-continuidade ao nível das idéias e dos temas não passa, certamente, de um efeito de superfície; no nível arquiológico, vê-se que o sistema das positividades mudou de maneira maciça na curva dos séculos XVIII e XIX. Não que a razão tenha feito progressos; mas o modo de ser das coisas e da ordem que, distribuindo-as, oferece-as ao saber, é que foi profundamente alterado"[131]. Foucault afirmava que para ele epistema era o circuito das relações existentes em uma determinada época entre os diversos campos da ciência, ou seja: "Os conhecimentos chegam talvez a se engendrar, as idéias a se transformar e agir umas sobre as outras"[132]. Assim, portanto, constituía-se o que ele denominava, entre os vários discursos e setores da ciência, de epistema de uma época.

Nesse sentido, o problema do tratamento epistêmico em sua tradição filosófica, de maneira especial acentuado por Descartes e Spinoza, se situa, de forma homogênea, como uma *mathesis universalis*, ou seja, como uma ciência do universal. O processo que rege essa operação é o estabelecimento da diferença que se verificava na Matemática, na Taxinomia e nas ciências da natureza.

---

[131] Foucault, M. (1999) *As palavras e as coisas.* São Paulo: Martins Fontes, p. XIX.
[132] Foucault, M. Op. cit.: XX.

Contudo, a partir do século XIX essa circunscrição epistemológica se dispersa em vetores multidirecionados, ganhando com Comte uma hierarquia e adotando a Matemática como eixo referencial. Mas é preciso verificar que o homem que nasce nesse século tem, no que estabelece como elementos epistemológicos, seu lugar indefinido nessa circunscrição. Segundo nos aponta Foucault, há três níveis do domínio da *episteme* moderna. O primeiro seria o das ciências Matemática e Física; o seguinte o das ciências da linguagem, da vida, da produção e da distribuição de riquezas e o terceiro o da reflexão filosófica, que interroga radicalmente a relação das duas primeiras, efetivando uma formalização do pensamento.

A tríade epistemológica que assim se concebe com o positivismo não inclui as ciências humanas em nenhuma de suas dimensões nem tampouco em nenhum plano, ficando estas situadas no intervalo entre uma dimensão e outra, ou seja, aparecendo no volume da figura.

É fazendo essa análise que Foucault aponta a dificuldade em estabelecer, no intervalo entre as ciências dedutivas, as ciências empíricas e a reflexão filosófica, o lugar que faz a ligação entre as três dimensões e que é, propriamente, o das ciências humanas. Mas o risco de um desvio desses planos rigorosos põe em questão o que se produz nas ciências humanas, podendo gerar um psicologismo, um sociologismo ou um antropologismo. É preciso articular o pensamento e a formalização: "O que explica a dificuldade das 'ciências humanas', sua precariedade, sua incerteza como ciências, sua perigosa familiaridade com a Filosofia, seu apoio mal definido sobre outros domínios do saber, seu caráter sempre secundário e derivado, como também sua pretensão ao universal, não é, como freqüentemente se diz, a extrema densidade de seu objeto; não é o estatuto metafísico ou a indestrutível transcendência desse homem de que elas falam, mas, antes, a complexidade da configuração epistemológica em que se acham colocadas, sua relação constante com as três dimensões que lhe conferem seu espaço"[133].

Essas afirmações convocam o marco da fundação da Sociologia científica. Durkheim, seu fundador, ao contrário de Comte não se detêm na sistematização rigorosa do cientificismo. Em suas reflexões sobre o

[133] Foucault, M. Op. cit.: 481.

estudo do conhecimento social, conduzindo outra visada, afirmará a necessidade da especificação do objeto da Sociologia. Para ele, o fato social não tem como substrato o indivíduo, mas, sim, a sociedade, pois a natureza individual não passa de matéria indeterminada, que o fator social determina e transforma. Assim, tudo o que vige na consciência individual – a religiosidade, o ciúme sexual, a piedade filial e o amor paterno – advém da sociedade. Com essa concepção lega a proposição de que os fatos sociais, enquanto objeto da Sociologia, bifurcam-se em duas categorias: os fatos sociais normais e os fatos sociais patológicos. Os primeiros são de ordem geral e se dão em uma sociedade específica enquanto os outros são aqueles que extrapolam a ordem da classificação da sociedade. Sua apologia de uma Sociologia autônoma a situa como uma ciência distinta das outras e detentora de regras de um método específico, o qual essencialmente se constitui da classificação dos tipos de sociedades baseada na diferenciação das diversidades, considerando graus de complexidade, que vão das hordas até as modernas sociedades.

É preciso ainda conhecer a construção feita por Foucault a respeito das peculiaridades da estrutura epistemológica nos séculos XVI, XVII, XVIII e XIX. As três distintas posições referem-se a três diferentes épocas culturais. Na primeira, a palavra tinha o valor de significado, na segunda a palavra tinha valor de representação da realidade e na terceira tinha o valor de representação de uma realidade oculta.

Certamente fica patente que essa terceira posição coincide com o início da produção da obra de Goethe e dos princípios que em sua letra se estabelecem, com o termo inconsciente nela se insinuando.

Do Positivismo ao Estruturalismo se recoloca a questão epistemológica inaugurando um período original no âmbito das ciências humanas. Assim, a utilização da Matemática sofre um avatar se reinstalando como instrumento na formalização do pensamento a partir da noção de estrutura.

Dessa forma Michel Serres define e introduz, de maneira clara, o programa estruturalista na Filosofia asseverando que a estrutura é uma circunscrição operacional de significação indefinida, mas com relações cuja função se define quanto aos elementos.

Entre Guéroult e Serres encontra-se um personagem essencial para a conseqüente atitude estruturalista. No entanto, é preciso uma pequena digressão que diz respeito ao contexto filosófico e epistemológico a partir do qual se insere a figura de Gaston Bachelard.

Esta se refere às teses em questão no cerne da Filosofia dos neopositivistas do Círculo de Viena, que se erige entre as duas grandes guerras. Fundamentalmente, os princípios que aí figuram são: o princípio de verificação, que opera estabelecendo distinções constitutivas de um critério de significância entre proposições sensatas e insensatas; é absoluto o critério da verificação empírica ou factual; a Matemática e a Lógica são impotentes quanto às afirmações sobre o mundo; a Metafísica, a Ética e a Religião não são verificáveis, portanto, são questões aparentes, baseadas em pseudoconceitos; e o trabalho destinado à Filosofia é o da semântica e da sintática, único discurso significante ou discurso científico; isso faz com que a Filosofia não seja uma doutrina e sim atividade clarificadora da linguagem.

No cerne desse circuito se edifica uma atitude antimetafísica, que se baseava numa oposição à metafísica por ser esta destituída de sentido. Essa atitude, no entanto, reúne inúmeras críticas por, em nome da ciência, condenar aprioristicamente qualquer outro discurso, por isso recebe a alcunha de criptometafísico. Vale ressaltar aqui que as referências da Lógica e da Matemática, usadas no Circulo de Viena, eram Peano, Frege e Gödel.

Entre ferrenhas críticas ao neopositivismo se encontrava a teoria falsificacionista de Karl Popper, segundo muitos, inclusive ele próprio, o responsável pela morte do Círculo de Viena. Popper substituiu o princípio de verificação pelo critério de falseabilidade, que seria o critério para demarcar o que é e o que não é científico : "Segundo a proposta que fiz acima, dever-se-ia identificar a Epistemologia ou a Lógica da descoberta científica com a teoria do método científico. A teoria do método, na medida em que transcende a análise puramente lógica das relações entre os enunciados científicos, preocupa-se com a escolha dos métodos – com as decisões acerca da maneira como se deve lidar com os enunciados científicos. Por sua vez, essas decisões dependerão obviamente do objetivo que escolhemos entre um certo número de objetivos possíveis. A decisão aqui proposta para o estabelecimento de regras apropriadas para aquilo que chamo o 'método empírico' liga-se estreitamente ao meu critério de demarcação: proponho que se adotem regras tais que assegurem a testabilidade dos enunciados científicos; o que quer dizer, sua falseabilidade"[134].

Mas, na França, após 1932, quando a obra de Popper ainda não havia sido difundida, toma impulso a obra epistemológica de Gaston Bachelard, conferindo novo tônus à discussão, sob os auspícios da reflexão sobre a ciência, representada nesse período por Meyerson, Poincaré e Duhem. Dessa forma, ultrapassa a Filosofia oficial vigente e o neopositivismo, divergindo da rejeição à história feita por esses. Bachelard escreve em "O materialismo racional" que a "ciência não tem a Filosofia que merece"[135], aludindo um atraso constante desta em relação à ciência. Ele preconizava a existência de uma Filosofia do pormenor epistemológico, porém execra um princípio que estabeleça, *a priori*, a cientificidade das ciências.

Ao opor a Filosofia dos filósofos àquela produzida pela ciência, afirma que a função da Filosofia da ciência é a de recensear a variedade demonstrando como se estabelece a aprendizagem ao se ancorar numa reflexão sobre o pensamento contemporâneo.

Bachelard efetiva um verdadeiro corte epistemológico ao inaugurar um novo campo de reflexão: "O caráter *indireto* das determinações do real científico por si só nos coloca num reino epistemológico novo. [...] As trajetórias que permitem isolar os isótopos no espectroscópio de massa *não existem* na natureza; é preciso construí-las tecnicamente. Eles são teoremas transformados em coisas. Iremos mostrar que aquilo que o homem *faz* numa técnica científica [...] não existe na natureza, e nem mesmo constitui uma seqüência *natural* de fenômenos *naturais*"[136].

Em 1955 o lugar de Bachelard na Sorbonne é ocupado por outro nome digno de nota na revisão epistemológica que prepara o circuito estruturalista. Trata-se de Georges Canguilhem, que questiona a noção de norma, apontando a fragilidade da fronteira entre racional e irracional e sublinha a importância de determinar a topologia do discurso. Defensor de uma descontinuidade do progresso científico, ele assevera que o saber

---

[134] Popper, K. R. (1980) *A lógica da investigação científica*. São Paulo: Abril Cultural, p. 21-22.

[135] Bachelard, G. (1983) *Epistemologia, trechos escolhidos*. Rio de Janeiro: Zahar, p.74.

[136] Bachelard, G. Op. cit.: 16-17.

científico desloca-se e remaneja-se redimensionando reconstruções sucessivas. Sobre sua participação na rede epistemológica Dosse afirma: "Também no terreno da Psicanálise, Canguilhem corroborará a ruptura lacaniana em virtude de suas posições antipsicologistas. É essencialmente contra a Psicologia que Canguilhem terá batalhado. Ele opõe a esse saber positivo uma desconstrução do seu edifício disciplinar ao pluralizar a Psicologia em múltiplas Psicologias"[137].

Esses são elementos distribuídos no compasso diacrônico que busca um dispositivo para a autentificação do conhecimento dito científico.

De maneira específica esse avatar deriva na atitude estruturalista, que critica o humanismo por tentar resolver problemas insolúveis como o da moral e dos valores. Numa posição oposta, os estruturalistas concebem um princípio para o científico constituído a partir do sistema ou da estrutura, que é assim descrito por Foucault: "Por sistema deve-se entender um conjunto de relações que se mantêm, se transformam independentemente das coisas que essas relações religam. Foi possível mostrar, por exemplo, que os mitos romanos, escandinavos, celtas, davam origem a deuses e heróis muito diferentes uns dos outros, mas que a organização que os liga (em culturas que se ignoravam umas das outras), as suas hierarquias, as suas rivalidades, as suas traições, os seus contratos, as suas aventuras obedeciam a um sistema único [...] Recentes descobertas no domínio da pré-história permitem igualmente entrever que uma organização sistemática preside à disposição das figuras desenhadas sobre as paredes das cavernas [...] Em biologia, sabe-se que os cromossomos trazem em código, em mensagem cifrada, todas as indicações genéticas que permitem ao ser futuro desenvolver-se [...] A importância de Lacan está em que ele mostrou como, através do discurso do doente e dos sintomas da sua neurose, as escrituras, o próprio sistema da linguagem, – e não o sujeito – falam [...] Antes de toda a existência humana, antes de todo o pensamento humano, haveria já um saber, um sistema, que nós redescobrimos [...]"[138].

---

137 Ver sobre a importância de Canguilhem alinhado a Lacan contra o psicologismo adiante em "Althusser e Lacan", Capítulo IV.

138 Foucault, M. Entrevista concedida à Madeleine Chapsal para *La Quinzaine Littéraire*, nº 5, 15 de maio de 1966. In: Prado Coelho, E. (org.) (1967) *Estruturalismo- Antologia de textos teóricos.* Lisboa: Portugália, p. 30-31.

O Estruturalismo adota como princípio epistemológico um método científico que busca determinar as formas invariantes no interior de conteúdos diferentes. Isto foi dito por Lèvi-Strauss e reafirmado por muitos dos que adotaram essa prescrição como bússola na análise do conhecimento científico.

Entre muitos que compuseram esse circuito encontra-se Jacques Lacan, digno da alcunha de pai severo do Estruturalismo por seu empenho incansável na tarefa de alcançar o nível mais alto de cientificidade. Lacan intervém nesse conjunto das discussões nas ciências humanas alinhado à concepção bergsoniana, particularmente, referido ao texto "*Les Deux Sources de la Religion et de la Morale*"[139], de 1932, no qual o autor opunha uma moral da obrigação a uma moral da aspiração. Partindo dessa distinção Lacan: "[...] via na interdição da mãe a forma concreta de uma obrigação primordial ou de uma *moral fechada*. Ao contrário, situava a função de abertura do lado da autoridade paternalista. E era essa função, segundo ele, que explicava o profetismo judaico [...]"[140]. Assim Lacan passa por Bergson fazendo uma precisa construção sobre o homem moderno, relativa à função paterna.

O inconsciente freudiano ocupa lugar central no Estruturalismo e será cada vez mais explorado em todas as disciplinas quanto mais Lacan acentue o corte consciente/inconsciente mostrando que o ser de si mesmo é radicalmente distinto do ente e da consciência.

Desde 1949, Lacan está sob os auspícios do paradigma estruturalista, mesmo que ainda não articule seu texto com Saussure como fará em 1953, em "Função e campo da fala e da linguagem em Psicanálise". No Estádio do espelho ele constrói uma teoria demonstrando que a matriz da identificação imaginária não é da ordem da historização, e sim o protótipo de uma estrutura de configuração inultrapassável.

Recusando todas as formas de psicologismo deflagrado com o neofreudismo, Lacan, de posse dos instrumentos estruturalistas, fará uma releitura da letra freudiana conferindo-lhe, com todo rigor, o estatuto de

[139] "As Duas Fontes da Religião e da Moral".

[140] Roudinesco, E. (1994) *Jacques Lacan, Esboço de uma vida, história de um sistema de pensamento*. São Paulo: Companhia das Letras, p. 159.

ciência, lançando mão de estruturas lógico-matemáticas. Porém, apesar de estar sobremaneira implicado no fenômeno estruturalista, dele se distancia, já que suas estruturas são antinômicas e incompletas, inversamente às estruturas completas e coerentes concebidas por esse paradigma.

CAPÍTULO IV

O momento estruturalista e suas conexões de novos sistemas de pensamento

INTRODUÇÃO

Com Lacan constituem-se os elementos que conferiram à obra freudiana o que, para ela, ensejava seu fundador: esperanças de progressos decisivos no rumo da ciência.

O desejo de Freud de fazer a Psicanálise galgar o estatuto de ciência é por ele declarado e procurado no transcurso de toda sua obra. A tradição de sua formação advinda, nos primórdios, dos princípios da Escola de Helmholtz, sob a orientação do estimado e reconhecido Professor Brücke, é notória enquanto matriz do rigor com que ele irá construir o edifício de uma "Nova Ciência", como ele mesmo denominava a Psicanálise.

Mas foi preciso que a descoberta do Inconsciente freudiano adentrasse a segunda metade do século XX para que uma conjuntura muito particular estabelecesse a via pela qual se faz reconhecer sua ordenação epistêmica.

A Psicanálise nasce, portanto, da ciência, como sublinha Lacan, mas assinala uma tal subversão dos conceitos sobre o científico que fica exilada, durante anos, das discussões entre os doutos renomados na tradição européia. Esse exílio, de certa forma, se rompe, ao final da primeira década do século, quando muitos eminentes intelectuais e grandes homens da Medicina dirigem para o texto freudiano um olhar de cobiça que, muitas vezes ávido, conduz a destinos desastrosos, como é o caso das rupturas de Adler, Stekel e Jung.

A consagração da obra de Freud se dá uma década após a publicação da "Interpretação de Sonhos" e se consolidará cada vez mais até sua morte. Uma consolidação que tem uma escalada veloz, a partir dos laços bem atados por suas idéias e pelos efeitos delas decorrentes, que circunscreverão um grupo crescente de defensores e articuladores de sua causa.

Ocorre que, dentro do grande grupo que rodeava o pai da Psicanálise, contavam-se poucos que podiam acompanhar o alcance de tamanha descoberta. Os interlocutores de Freud, apesar do fascínio de que se tomavam, diante dele e do seu texto, pouco ou nada acrescentaram as suas construções, mas muito a distorceram durante sua vida e após sua morte. Freud, no entanto, ansiando por interlocução, tentava dar relevo às várias tentativas de contribuição e é premente, em sua obra, uma grande quantidade de citações desses trabalhos, onde ele dá espaço para diversas passagens de total ingenuidade, quando não, esterilidade, o que revela a penúria de seus espectadores.

Não é tão difícil dimensionar que uma descoberta como a de Freud precisasse de tempo para operar sua inscrição. Por mais que os adeptos da Psicanálise e mesmo os primeiros analistas entrevissem a gravidade do que com ela se anunciava, a sofisticação com que Freud enuncia tamanha insurgência, até então latente na cultura, exigia refazer as lentes especulativas legisladas pela Filosofia e pelo *Cogito* cartesiano.

O ajuntamento em torno da Psicanálise, nesse primeiro tempo, tem uma função imprescindível e paradoxal para o destino da Psicanálise: alarga os horizontes no acesso ao pensamento de Freud, através de uma política de estratégias definidas e circunda, com exatidão, o que seja do domínio freudiano, preservando a Psicanálise de distorções no que concerne aos princípios fundamentais estabelecidos por Freud.

A princípio é assim que parece ser, conquanto se estabelece aí um paradoxo. No seio da grande Associação Psicanalítica Internacional, fundada para proteger o legado de Freud, se dará a contrapartida de tais propósitos e o que se verá desdobrar após sua morte são verdadeiras caricaturas das teorias e dos fundamentos de sua prática.

É então, por volta de 1945, que a letra freudiana será retratada num contexto sem precedentes na história intelectual do mundo ocidental. Essa conjuntura tomará a forma do que será conhecido como o fenômeno estruturalista.

Ao contrário do que ocorre no primeiro tempo das especulações sobre a Psicanálise, um novo circuito de interlocução é montado sobre a letra de Freud. Dessa vez, o brilhantismo e a altura visionária dos atentos darão um tônus à Psicanálise que irá aproximá-la e introduzi-la como referência para o circuito das disciplinas que buscam novos modelos, incitadas pelo apetite do modernismo. Essa tendência clama por aproximar do científico o que até então era tratado sob o crivo da velha metafísica ocidental.

Teremos que percorrer um caminho longo revendo as peças da engrenagem que constitui o motor do estruturalismo, descrito assim por Foucault: "O Estruturalismo não é um método novo; é a consciência desperta e inquieta do saber moderno"[141].

O fenômeno estruturalista estabelece na França um contexto ímpar, concernente ao fato de que nele reúne-se a maior parte da *intelligentsia* producente de novas obras, em torno das Ciências Sociais, que tomam impulso no decorrer dos anos 50 e 60.

O resgate do que houvera sido recalcado na cultura ocidental é uma marca da abordagem estruturalista, que tem como pedra de toque a Antropologia, e a Psicanálise como baliza, a partir da soberania do inconsciente, ao contrário da elegia ao sentido manifesto que encobre o impossível, o inacessível da história ocidental.

O conceito de Estruturalismo deriva-se de estrutura, do latim *structura* do verbo *struere*, quer dizer: "a maneira como um edifício é construído"[142]. Nos séculos XVII e XVIII esse sentido se modifica, ampliando-se em alusão aos seres vivos, tanto no sentido do corpo, segundo Fontenelle, quanto à língua com Vaugelas ou Bernot, o que descreve de que maneira as partes integrantes de um ser ordenam-se no todo. Dessa forma abrangem-se diversas aplicações como, por exemplo: estruturas anatômicas, estruturas psicológicas, estruturas geológicas, estruturas matemáticas, etc.

Foi com Spencer, Morgan e Marx, no século XIX, que a postura estrutural, se inseriu no rol das ciências humanas como "um fenômeno duradouro que combina de maneira complexa as várias partes de um conjunto numa acepção abstrata"[143].

Como afirma François Dosse, o termo Estrutura não é encontrado em Hegel e é pouco usado em Marx, particularmente no prefácio à "Crítica

---

141 Foucault, M. (1999) *As Palavras e as Coisas*. São Paulo: Martins Fontes, p. 287.

142 Dictionnaire de Trévoux, ed. de 1771, citado por Dosse, F. (1993) *História do Estruturalismo. Volume I, O campo do signo – 1945/1966*. São Paulo: Ensaio, p. 15.

143 Dosse, F. Op. cit.: 15.

da Economia Política", de 1859, sendo apenas consagrado por Durkheim em "*Les Règles de la méthode sociologique*", em 1895.

A partir de então se encontra, no "*Vocabulaire technique et critique de la philosophie*" de André Lalande (1900 e 1926), o termo Estruturalismo definido como neologismo.

É, de certa forma, para se opor à Psicologia funcional que o termo Estruturalismo é inaugurado, sendo utilizado por uma determinada fatia da Psicologia. No entanto, o marco fundamental do emprego do Estruturalismo como método se dá nas inovações da Lingüística, com Saussure.

No "Curso de Lingüística Geral", uma referência ao termo Estruturalismo é feita por intermédio de outro termo, sistema, que é empregado de maneira escassa. O uso específico do termo Estruturalismo terá sua grande afirmação com Troubetzkoy e Jakobson na Escola de Praga, de onde se verificará sua difusão, desdobrada na revista "*Acta Lingüística*", que tem como primeiro artigo um texto que trata de "Lingüística estrutural", tendo sido de Hjelmslev, lingüista dinamarquês, a iniciativa de sua fundação em 1939, ano da morte de Freud. As ciências humanas tomarão, a partir de então, esse nome como uma espécie de nome de batismo, o que terá conseqüências definitivas para o pensamento do século XX.

Os precursores do Estruturalismo incitam uma visada que dista, particularmente, da abordagem funcionalista, adotada por quase todas as disciplinas no século XIX, que vêm tombar, com as proposições dos sistemas, anunciadas por Marx, Nietzsche e Freud.

O tônus filosófico desse tempo caracterizava-se por enfatizar o pensamento da dúvida, posto que é impossível pretender sustentar uma verdade definitiva e indiscutível. Isto influencia, de maneira muito contundente, o argumento estruturalista que se contrapõe à Fenomenologia e ultrapassa o pensamento filosófico – posto até então – discutindo o otimismo ontológico, sobre o qual estava baseado o Existencialismo sartriano.

O avatar que retira do pódio o humanismo refaz a perspectiva do espírito do século XIX, que se detém na categoria de História, da qual deriva-se o existencialismo heideggeriano e sartreano proponentes de uma terminologia de existência, práxis, consciência histórica, valorização da pessoa humana, culto do personalismo e do humanismo.

De maneira sucinta é possível dizer que: "O estruturalismo é profundamente procura de inteligibilidade. É um modo de afirmar a inteligibilidade profunda do que existe e de afirmar uma fé na capacidade da razão humana de atingir algo dessa inteligibilidade. O estruturalismo lingüístico nasceu quando Ferdinand de Saussure pretendeu atingir leis gerais do funcionamento de uma língua. O estruturalismo etnológico nasceu quando Claude Lévi-Strauss pretendeu atingir leis gerais do funcionamento de certas estruturas culturais, especificamente aquelas que regem os sistemas de parentesco ou as que regem a produção dos mitos em culturas arcaicas"[144].

A reconstituição da história do Estruturalismo exige conhecer suas referências e as personalidades nele envolvidas de maneira exponencial, as figuras de Lévi-Strauss, Barthes, Foucault, Althusser e Lacan.

Na verdade, é a partir do corte saussureano, que ratifica e fundamenta a arbitrariedade do signo, já demarcada por uma certa tendência da Lingüística, que se dá a filiação aos pressupostos que resultam no fenômeno estruturalista.

Como já vimos, Saussure soluciona um antigo problema estabelecido por Platão no "Crátilo", onde este discute com Hermógenes sobre a nomeação das coisas. O primeiro vê nos nomes um decalque da natureza, enquanto que o segundo afirma a arbitrariedade da escolha dos nomes pela cultura. É, portanto, do lado de Hermógenes que a teoria da arbitrariedade do signo encontra sua âncora, sendo também, magnificamente, indicada em Goethe e Molière.

É com muito rigor que Ferdinand de Saussure livra a Lingüística do empirismo e das considerações psicologizantes ao fornecer um modelo que delimita elementos para a abstração, circunscrevendo aí o estudo da língua com sua ordem própria. Deixa, dessa forma, o sujeito de fora de suas especulações pela impossibilidade de abordá-lo com a precisão de seus postulados, pois, quando este sujeito fala, estabelece-se uma outra ordem.

Essa restrição, tão claramente definida por Saussure, tem com seus princípios a ambição de edificar uma semiologia geral que reúna as

---

144 Lepargneur, H. (1972) *Introdução aos estruturalismos.* São Paulo: Editora Herder, Editora da Universidade de São Paulo, p. 5-6.

demais disciplinas interessadas pelos signos e sua relação com o social, "A Lingüística não é senão uma parte dessa ciência geral"[145].

É na esteira dessa ambição que se perfaz o projeto estruturalista, integrando, com esse paradigma, todas as ciências do signo e é nesse sentido que a Lingüística é chamada de ciência-piloto do Estruturalismo.

Vejamos a seguir, com detalhes, como se constrói a circunscrição que marcará época com o signo de Estruturalismo e as relações particulares dos sistemas de pensamento de Lévi-Strauss, Barthes, Foucault e Althusser com Jacques Lacan em sua releitura de Freud.

[145] Saussure, F. (1987 [1916]) *Curso de Lingüística Geral.* São Paulo: Cultrix, p. 24.

LÉVI-STRAUSS E LACAN

Como expresso anteriormente, a Lingüística é chamada a ciência piloto do Estruturalismo.

Mas é preciso, encontrada essa pedra angular, compreender de que modo se atam as relações entre os homens, que se situam no cerne do projeto estruturalista, para assim acompanharmos como se dá a inserção desse paradigma em diversos campos. Tomaremos como ponto de partida o homem Lévi-Strauss, que é, sem hesitações, apontado como o pai do Estruturalismo.

Lévi-Strauss, nascido em 1908, portanto 8 anos após o nascimento de Lacan, tem em suas origens a marca da relação com o artístico e o sensível. Sempre deixou declaradas suas duas grandes paixões: a arte e a natureza. Seu bisavô era violinista e seu pai, assim como alguns tios, pintor. Além dessas duas características marcantes, a vida desse célebre era atravessada por sua obstinação em não se deixar perder na sensibilidade e, para isso, impõe-se a construção de grandes sistemas lógicos.

A relação com o socialismo vem de suas leituras profundas da obra de Marx, desde os dezessete anos, o que o coloca no interior de um engajamento político de onde declina após severas decepções que o levarão a afirmar um risco em: "encerrar as realidades políticas no quadro das idéias formais"[146]. No entanto, a veia política jamais deixará de pulsar em seus trabalhos de etnólogo: "A leitura de Marx extasiou-me mais ainda na medida em que eu tomava contato pela primeira vez, por meio desse grande pensamento, com a corrente filosófica que vai de Kant a Hegel: todo um mundo era-me revelado. Desde então, esse fervor

[146] Lévi-Strauss, C. *Le Monde*, entrevista com J.-M. Benoist, 21 de janeiro de 1979, citada por Dosse, F. Op. cit.: 32.

jamais se desmentiu e raras vezes dedico-me a enfrentar um problema de sociologia ou de etnologia sem previamente revigorar minha reflexão com algumas páginas do dezoito de brumário de Luís Napoleão ou da crítica da economia política"[147].

Sua introdução na etnologia é por ele narrada em "Tristes Trópicos". A convite de Célestin Bouglé, virá para o Brasil, com o intuito de afastar-se da Filosofia especulativa e aproximar-se ainda mais da Antropologia, tida então como disciplina marginal. O material do trabalho feito com índios, em São Paulo, reunido durante dois anos, será por ele exposto em Paris, conferindo-lhe créditos que lhe permitem prosseguir com uma expedição aos Nhambiquara.

A partir daí seus trabalhos começam a ser conhecidos, mas o exílio, por conta da ocupação alemã, o levará a Nova York, onde acontecerá o encontro decisivo para a elaboração de sua Antropologia estruturalista, o encontro com Roman Jakobson.

Exilado como Lévi-Strauss, Jakobson dá aulas de Fonologia estrutural, em francês, na *New School*, pelas quais o primeiro se entusiasma. A interlocução que se estabelece leva Jakobson a acompanhar as aulas sobre o parentesco ministradas por Lévi-Strauss.

Ao retornar a Paris, em 1948, Lévi-Strauss retoma seus trabalhos e ocupa a cátedra de "Religiões dos povos não-civilizados", que ele imediatamente retifica para "Religiões dos povos sem escrita".

O Estruturalismo tem em sua inscrição a marca do positivismo comteano, no que diz respeito ao seu cientismo. Afasta-se de seu otimismo, mas preserva a determinação de lograr transformar-se em ciência, o que demarca sua distância da Filosofia tradicional. Durkheim, alinhado a essa tendência, principalmente no que concerne à busca holística e à difusão desses princípios no campo sociológico, terá, em alguma medida, influenciado Lévi-Strauss: "A hipótese levantada por Durkheim no importante trabalho que inaugura o primeiro volume de *Année Sociologique* apresenta um tríplice caráter: primeiramente, funda-se na universalização de fatos observados em um limitado grupo de sociedades; em seguida, faz da proibição de incesto uma conseqüência

---

[147] Lévi-Strauss, C. (1996) *Tristes Trópicos*. São Paulo: Companhia das Letras, p. 55.

longínqua das regras da exogamia. Finalmente, estas últimas são interpretadas em função de fenômenos de outra ordem. [...] A força desta interpretação provém da possibilidade de organizar em um só e mesmo sistema fenômenos muito diferentes uns dos outros, cada um dos quais, tomado em si mesmo, parece dificilmente inteligível. A fraqueza da interpretação reside no fato das conexões assim estabelecidas serem frágeis e arbitrárias"[148].

Mas, apesar dessa relação, o caminho de Lévi-Strauss é, em muito, distanciado do de Durkheim, que privilegia as fontes vindas dos historiadores, em detrimento do material empírico que, com as ressalvas cabíveis, era bastante considerado por Lévi-Strauss: "Como a matemática ou a música, a etnografia é uma das raras vocações autênticas. Podemos descobri-la em nós, ainda que não nos tenha sido ensinada por ninguém"[149].

Sobre o empirismo, ele dirá que é preciso observar, mas como um tempo, que precisa ser ultrapassado enquanto sensibilidade, para galgar os fundamentos do real. É nesse sentido que se produzirá seu afastamento da corrente empírica anglo-saxônica, principalmente no que concerne às suas observações sobre o trabalho de Malinowski, que admitia, em seu funcionalismo, considerações de ordem biológica a propósito da interdição do incesto, no que vai adiante Radcliffe-Brown fazendo uso do conceito de estrutura, apesar de continuar sendo demasiadamente empirista e concluir por uma interpretação superficial de tecido funcionalista.

É do lado tradicional da escola histórica alemã que Lévi-Strauss encontrará defensores do relativismo cultural como Lowie e Boas.

Sobre o primeiro, ele atestava ser o pioneiro nos estudos dos sistemas de parentesco, quanto ao segundo, é notória a identificação na ênfase do inconsciente, dos fatos sociais e do destaque para a linguagem como possibilidade de acesso a essa estrutura inconsciente. Sem dúvida que, dessa maneira, estava dado o mote por onde fica aberta a via tão fecunda do encontro com Jakobson, que mais do que um interlocutor importante torna-se um grande amigo.

---

148 Lévi-Strauss, C. (1982) *As estruturas elementares do parentesco.* Petrópolis: Vozes, p. 58-9.

149 Lévi-Strauss, C. (1996) *Tristes Trópicos.* São Paulo: Companhia das Letras, p. 53.

Portanto, por esse caminho, sulca-se o advento, absolutamente original, da articulação feita na Antropologia do modelo lingüístico, que terá seu ponto alto na famosa tese "As estruturas elementares do parentesco", marco fundamental do programa estruturalista, onde se colocam em questão "Natureza e cultura" e o fundamento da segunda na invariante da interdição do incesto: "Eis aqui, pois, um fenômeno que apresenta simultaneamente o caráter distintivo dos fatos da natureza e o caráter distintivo – teoricamente contraditório do precedente – dos fatos da cultura. A proibição do incesto possui ao mesmo tempo a universalidade das tendências e dos instintos e o caráter coercitivo das leis e das instituições. De onde provém então? Qual é seu lugar e significação? Ultrapassando inevitavelmente os limites sempre históricos e geográficos da cultura, coextensiva no tempo e no espaço com a espécie biológica, mas reforçando, pela proibição social, a ação espontânea das forças naturais a que se opõe por seus caracteres próprios, embora identificando-se a elas quanto ao campo de aplicação, a proibição do incesto aparece diante da reflexão sociológica como um terrível mistério. Poucas prescrições sociais preservaram com igual extensão, em nossa sociedade a auréola de terror respeitoso que se liga às coisas sagradas"[150].

Mas o mistério da proibição do incesto concerne muito menos ao ato interditor do que à regra que obriga dar a mãe, irmã ou filha, sendo regra do dom por excelência: "É realmente esse aspecto, freqüentemente demasiado desconhecido, que permite compreender o caráter dela. Todos os erros de interpretação da proibição do incesto derivam da tendência a ver no casamento um processo descontínuo, que tira de si próprio, em cada caso individual, seus limites e possibilidades"[151].

Lévi-Strauss afirma com sua tese que as regras do parentesco são as primeiras regras que aparecem na cultura e que estas são instituídas com a proibição do incesto. Dessa maneira, se perfazem as estruturas universais invariantes: "Em que consistem as estruturas mentais para as

[150] Lévi-Strauss, C. (1982) *As estruturas elementares do parentesco.* Petrópolis: Vozes, p. 49.

[151] Lévi-Strauss, C. Op. cit.: 522.

quais apelamos e cuja universalidade acreditamos poder estabelecer? São, parece, em número de três: a exigência da Regra como Regra; a noção de reciprocidade considerada como a forma mais imediata em que possa ser integrada a oposição entre o eu e o outro; enfim, o caráter sintético do dom, isto é, o fato de que a transferência consentida de um valor de um indivíduo para o outro os transforma em parceiros, e acrescenta uma qualidade nova ao valor transferido"[152].

As três Regras estabelecidas pelo etnólogo têm como fundamento o princípio da linguagem. Assim é que dirá que os primórdios da vida social possuem uma estreita relação com o advento da linguagem na criança. Demonstrará como a lei da linguagem seleciona em cada cultura uma infinidade de possibilidades vocais emitidas por um bebê: "Cada língua opera, pois, uma seleção, e de certo ponto de vista essa seleção é regressiva. Desde o momento em que se instaura, as ilimitadas possibilidades que estavam abertas no plano fonético ficam irremediavelmente perdidas. Por outro lado, o balbucio não tem sentido, ao passo que a linguagem permite aos indivíduos comunicarem-se entre si, de tal modo que a expressão está na razão inversa da significação"[153].

A ênfase nessas idéias se articulava com a noção de estrutura, sobre a qual discorre: "Uma relação não pode ser isolada arbitrariamente de todas as outras, e também não é possível que o indivíduo se mantenha aquém ou além do mundo das relações. O meio social não deve ser concebido como um quadro vazio no interior do qual os seres e as coisas podem ser ligados, ou simplesmente justapostos. O meio é inseparável das coisas que nele habitam. Em conjunto constituem um campo de gravitação onde as cargas e as distâncias formam um conjunto coordenado, e onde cada elemento, ao se modificar, provoca a alteração do equilíbrio total do sistema"[154].

Essas idéias determinam o papel patente de Lévi-Strauss no Estruturalismo e constituem o argumento de sua elaboração sob a forma do "Programa Estruturalista". Mas é, principalmente, pelo que em torno dele gravita que podemos depreender e dimensionar o peso de sua contribuição nesse circuito.

---

152 Lévi-Strauss, C. Op. cit.: 123.
153 Lévi-Strauss, C. Op. cit.: 133.
154 Lévi-Strauss, C. Op. cit.: 523.

Depois do texto saussureano, certamente que a obra de Lévi-Strauss é o maior parâmetro para demarcar os elementos do "momento estruturalista".

O século XIX foi o século da derrocada dos grandes sistemas clássicos com a inserção dos pensamentos de Marx, Darwin, Freud e Einstein, que com suas afirmações abalam o rumo da engrenagem do saber. No entanto, essas explosões de renovação efetivam-se alhures do solo francês, que por muito tempo teve a temperatura morna diante da caldeira de inovações a sua volta.

É com algum retardo que, inclusive, as questões relativas à linguagem se desenvolvem na França, particularmente, na Sorbonne, maior termômetro da intelectualidade parisiense na primeira metade desse século.

Numa época de muitos exílios, num pós-guerra destroçado, há de se rever os paradigmas da reconstrução. Curiosamente, parece que o solo parisiense ultrapassa sua latência e, dessa vez, faz brotar um movimento jamais visto, no qual estrangeiros e homens da terra farão com que o mundo assista a uma tal congruência de interlocução, que chega mesmo a surpreender pela diversidade de disciplinas que vão aos poucos se engrenando ao "Programa Estruturalista", cada qual marcada pelas diferenças que as apartam, porém todas calcadas nas palavras de ordem: Linguagem, Inconsciente, Epistemologia, Matemática e Topologia.

Foi com a "Introdução à obra de Marcel Mauss" que de forma inesperada surgiu o programa estruturalista proposto por Lévi-Strauss. Nesse prefácio estão contidas as bases de um programa unitário para as ciências humanas, à maneira que corrobora Michel Foucault: "A Etnologia, como a Psicanálise, interroga não o próprio homem tal como pode aparecer nas ciências humanas, mas a região que torna possível, em geral, um saber sobre o homem; como a Psicanálise, ela atravessa todo o campo desse saber num movimento que tende a atingir seus limites. Mas a Psicanálise se serve da relação singular da transferência para descobrir, nos confins exteriores da representação, o Desejo, a Lei, a Morte que desenham, no extremo da linguagem e da prática analíticas, as figuras concretas da finitude; já a Etnologia aloja-se no interior da relação singular que a *ratio* ocidental estabelece com todas as outras culturas; e, a partir daí, ela traça o contorno das representações que os homens, numa civilização, se podem dar de si mesmos, de sua vida, de suas necessidades, das significações depositadas em sua linguagem; [...]"[155].

A obra de Marcel Mauss é tida na conta dos maiores reconhecimentos e é nela que Lévi-Strauss se apóia para forjar os elementos teóricos da Antropologia a partir dos estudos que dão forma e explicam o factual no campo de pesquisa. Atrelado à autoridade de Mauss, encontra o caminho para compor as estacas dessa empreitada tomando o modelo lingüístico: "Mauss via, pois, justo quando verificava em 1902 que 'em suma, desde que abordamos a representação das propriedades mágicas, estamos em presença de fenômenos semelhantes aos da linguagem'. Porque é a lingüística, e mais particularmente, a lingüística estrutural, que nos familiarizou desde então com a idéia de que os fenômenos fundamentais da vida do espírito, os que a condicionam e determinam as suas formas mais gerais, se situam ao nível do pensamento inconsciente. O inconsciente seria assim o termo mediador entre eu e outrem"[156].

Para Lévi-Strauss, o autor de "*Manuel d'Ethnographie*" foi o homem que pela primeira vez questionou a relação da Antropologia com as demais ciências humanas, particularmente com a Psicanálise, a partir da observação de que estas, segundo ele, possuem um objeto comum: o campo do simbólico.

Aliás, é essa vertente de afirmação do simbólico que determinará o rigor do paradigma estruturalista, tomando como elementos principais o inconsciente e a linguagem, sobre o que escreve Lévi-Strauss: "[...] é uma operação do mesmo tipo que, na Psicanálise, nos permite reconquistar o nosso eu mais estranho e, na investigação etnológica, nos torna acessível o que de mais estranho há nos outros como um outro nós"[157]. É dessa forma que fica consagrada a aproximação entre as duas ciências que são consideradas ciências faróis do Estruturalismo.

O Estruturalismo é, portanto, guiado por esses paradigmas, a partir da Lingüística saussureana, tendo Lévi-Strauss como pai fundador e Jacques Lacan como pai rigoroso.

---

[155] Foucault, M. (1999) *As palavras e as coisas*. São Paulo: Martins Fontes, p. 524.

[156] Lévi-Strauss, C. (1950) Introdução à obra de Marcel Mauss. In: Prado Coelho, E. (org.) (1967) *Estruturalismo. Antologia de textos teóricos*. Lisboa: Portugália, p. 169.

[157] Lévi-Strauss, C. Op. cit.: 169.

Lacan levará às últimas conseqüências sua leitura da obra de Freud, situando no cerne de sua construção a premissa do inconsciente estruturado como uma linguagem. Essa asserção coloca-o no centro de uma polêmica que por um lado o destitui da filiação freudiana, segundo seus opositores da IPA, com a qual romperá em 1963, e, por outro lado, o fará brilhar como gênio incandescente, no sentido da dificuldade de acesso às suas teorias e idéias. Sem dúvida Lacan dava o que pensar, seu pensamento exigia dos que o acompanhavam o rigor e a busca de elementos inusitados para a reconstrução de uma leitura freudiana.

Entre esses elementos encontra-se a subversão do signo saussureano, verdadeira baliza do Estruturalismo. Em 6 de dezembro de 1961, no seminário da Identificação, Lacan formula, pela primeira vez, a definição de signo e significante. Fica daí por diante demarcada a radical diferença entre seus elementos lingüísticos e os de Saussure.

Lévi-Strauss já houvera demarcado a supremacia do significante, mas Lacan demonstrará, com essa supremacia, como é que o sujeito se introduz na estrutura.

Seu passo é muito próprio ao fenômeno estruturalista, que, se baseando sempre nas categorias saussureanas da linguagem, constrói, em cada campo onde elas sejam tomadas, uma maneira própria de encaminhá-las, tendo como ponto genérico o rigor no manejo epistêmico.

A exigência epistêmica como palavra de ordem do Estruturalismo caracteriza-se pela atenção, quase que exclusiva, dada à sincronia, o que irá compor uma nova abordagem dentro da História, que, para escapar de um descrédito absoluto nessa conjuntura e atingida pelos elementos do pensamento de Saussure, irá rebater a diacronia, ao modo de Lucien Sebag: "A história não escapa à regra e nada pode evocar melhor a idéia de descontinuidade do que o conceito de acontecimento; a melhor prova é que o que chamamos 'fato histórico' depende da escala de inteligibilidade escolhida. No entanto, uma vez obtidas essas unidades, a história se esforça por conceber sua ligação como uma relação contínua que permite seu engendramento recíproco. Ora, é abandonando essa perspectiva que o método estrutural se constitui"[158].

---

[158] Sebag, L. História e Estrutura. In: Heush, L. [et. al.] (1967) *O método estruturalista.* Rio de Janeiro: Jorge Zahar, p. 31.

Essa posição frente à diacronia convocada por Koyré tem como conseqüência imediata o acento dado ao sistema. Dessa forma, Guéroult constrói um verdadeiro método para penetrar na estrutura, mesmo que não reconheça uma filiação a Saussure, como conta Marc Abélès em uma entrevista a François Dosse: "Guéroult nos ensinou a ler os textos com um ponto de vista que podemos chamar de estrutural. Contudo, um dia alguém o qualificou, por zombaria, de estruturalista. Ele negou com veemência toda e qualquer aproximação; considerava-se um professor tradicional, um verdadeiro historiador da Filosofia"[159].

A posição de Guéroult demonstra o quanto havia uma tendência abrangente a tomar as questões com essas categorias, o que, de certa forma, explica a larga inserção do paradigma estrutural em disciplinas tão diversas e entre homens de estilos tão diferentes.

Esse rigor epistêmico colocado no cerne do Estruturalismo convoca para a articulação de sua métrica a Matemática, que corrobora as demonstrações do formalismo teórico pela via das noções de conjunto. Com o protótipo da estrutura algébrica, o grupo, a estrutura de ordem e, enfim, a estrutura topológica, conforma-se à articulação estrutural, como nos mostra François Wahl: "a língua deve ser concebida como uma álgebra: cada elemento só tem (para quem quer compreender seu funcionamento) existência pelas operações às quais ele se presta, e as operações a que se presta cada elemento pressupõem o sistema inteiro. [...] tudo isso mostra muito bem uma *máquina lógica* funcionando. Pode-se procurar em vão as suas leis numa análise, unicamente, dos atos psíquicos dizendo respeito à linguagem; um aparelho de ordem está em função, e seu produto objetivo extravasa de todos os lados a prática mental onde ele se inscreveu"[160].

Ainda nessa esteira se coloca a contribuição de Dumézil, intelectual especialmente estimado por Lévi-Strauss e a quem atribui o primeiro sopro do método estrutural. Dumézil, apesar de ter uma filiação teórica advinda de um tronco distinto da chamada lingüística moderna

---

159 Marc Abélès em entrevista concedida a Dosse, F. (1993) *História do Estruturalismo. Volume I, O campo do signo – 1945/1966*. São Paulo: Ensaio, p. 104.

160 Wahl, F. (1970) *Estruturalismo e Filosofia*. São Paulo: Cultrix, p. 42.

ou saussureana, não consta à margem de seus acontecimentos. Utilizando as noções de diferença e semelhança, ele, mesmo sem fazer qualquer afirmação de sua pertença ao Estruturalismo, maneja instrumentos comparatistas muito próximos dos elementos estruturalistas. Forja a função tripartida, com a qual indica que a língua não é um dado bruto e global, mas um sistema de diferenças, como aponta o sistema fonético de Troubetzkoi.

Entrevemos, portanto, o quanto as ciências humanas desse tempo nutrem-se de um discurso lógico-matemático que possibilita depreender generalizações e demonstrar processos de auto-regulação, como é o caso da Psicanálise lacaniana em sua utilização da estrutura topológica e da Antropologia de Lévi-Strauss por intermédio de André Weil que constrói um apêndice matemático à primeira parte de "Estruturas Elementares do Parentesco".

Mas essa noção de epistemologia estabelecida no Estruturalismo advém da ruptura feita por Bachelard, que rechaça o evolucionismo e faz uma cisão com um tipo de reflexão que leva em consideração o indivíduo, a vivência e a experiência. A perspectiva de Bachelard não tem repercussão no pós-guerra existencialista dominado pela explosão sartreana. Só mais tarde, com a derrocada do deslumbramento existencialista, é que essa centelha tornar-se-á nova brasa abanada por Canguilhem e acentuada por Althusser e Foucault.

Barthes e Lacan

Se Lévi-Strauss é reconhecido como o pai do Estruturalismo e Lacan como o pai severo, há uma figura nesse cenário que e tida unanimemente como a mãe do Estruturalismo. Trata-se de Roland Barthes, que em 1953 causa o maior frenesi com um livro chamado "O grau zero da escritura".

Por volta de 1948, Barthes encontra-se em Alexandria com Algirdas-Julien Greimas, um importante lingüista, natural da Lituânia e formado na França, entre professores avessos às teses de Saussure. Em torno de Greimas e de Charles Singevin gravitará, no Egito, um grupo que se forma para estudar e discutir. Eram pesquisadores europeus que, diante da decepção com o paradoxo da falta de livros em Alexandria, produziam saraus intelectuais constantes entre 1949 e 1958.

Greimas se interessara pela obra de Saussure, apesar da hostilidade de seus primeiros mestres franceses, e, junto com Matoré e Quémada, ao retornar à França, depois da guerra, trabalha em Paris num pequeno grupo que se dispõe a criar uma nova disciplina, a Lexicologia. Nessa época o movimento em torno da Lingüística em Paris era bastante retardado em relação aos avanços já alcançados em Genebra, Viena, Copenhague e Praga.

Pois bem, é nesse encontro amistoso com Greimas, em Alexandria, que Barthes terá as primeiras notícias de Saussure e Hjelmslev, este último apresentado como o continuador mais sagaz e esclarecedor das idéias do mestre genebrino. Greimas afirmava sobre Hjelmslev que era ele o verdadeiro fundador da Lingüística moderna, engenheiro do corte saussureano, onde se encontrava claramente a articulação de que: "O parentesco histórico [...] das línguas é reconhecido como situado exclusivamente no plano do significante e consiste no registro das correlações entre as unidades elementares desse plano, os fonemas, definidos ao mesmo tempo por sua comutabilidade e por seu comportamento interior de unidades maiores do significante, as sílabas"[161]. O inventário que Hjelmslev efetiva na unidade silábica instrumentaliza e amplia o campo semiótico, para além do terreno de uma disciplina da Lingüística.

O encontro de Barthes com Greimas tem o efeito de afastá-lo do encanto sartreano e encaminhá-lo no rumo que o destacará como lingüista no fim dos anos 50. Será a partir de "O grau zero da escrita"[162] que a letra de Barthes ficará marcada como aquela que promove uma nova exigência literária fazendo uma ruptura com a tradição que se nutre do "Estrangeiro", de Camus.

Barthes foi de muitas formas apelidado nesse cenário: mãe, figura mítica e barômetro do Estruturalismo são algumas delas. Certamente que as muitas nomeações dizem de seu movimento sincopado, no qual tinia e imperava a sutileza humorada e não propriamente o rigor inconfundível do Estruturalismo encarnado na figura de Lacan.

"O grau zero" de Roland Barthes introduz-se nesse circuito formalista do Estruturalismo intercedendo por uma ética da escrita, a qual, segundo o autor, deve efetivar-se sem contenções. Ele recoloca a questão da liberdade do ato de escrever posta por Sartre, porém enfatizando a forma e não o conteúdo do texto.

Escapar a uma linguagem de valor é a empreitada obstinada que Barthes se inflige na busca de uma nova escrita, onde os impasses do romance levados ao cume na obra de Proust pudessem ser ultrapassados.

A atribuição materna feita a Barthes no Estruturalismo é, segundo ele próprio, ressonância de seu romance familiar, no qual se destaca a figura da mãe[163]. Toda a sua infância se passa em Bayonne com a mãe, que perdera o marido na guerra, um ano após o nascimento de Barthes[164]. É só por volta dos dez anos de idade que irá para Paris onde estudará no

---

[161] Greimas, A. J. (1968) Estrutura e História. In: *Problemas do Estruturalismo.* Rio de Janeiro: Jorge Zahar, p. 60.

[162] É em 1953 que "O grau zero da escritura" é publicado e recebido com muita atenção.

[163] Barthes foi uma criança frágil, órfão de pai, sentia-se ameaçado, segundo seus próprios termos: "Pelo tédio, pela vulnerabilidade, pela aptidão ao desespero".

[164] Roland Barthes nasceu em 1915 e morreu em 26 de março de 1980, em conseqüência de um atropelamento.

Montaigne e no Louis-le-Grand. Cursará Letras Clássicas na Sorbonne e se envolverá com o teatro. A guerra passará enquanto Barthes, hospitalizado com afecções pulmonares, aproxima-se dos textos sartreanos e marxistas. É por impossibilidades de saúde que desiste da carreira acadêmica e se envolve com o jornalismo, o qual o conduzirá à Romênia, em 1948, e, em seguida, para o Egito onde se dará o encontro meritório com Greimas[165].

De volta a Paris a barreira que o separa da universidade constituirá sempre uma utopia que guiará seus passos em busca de um reconhecimento só alcançado em 1976, com o ingresso no Collège de France[166]. Sobre esse assunto, ele próprio confessa a Calvet que é por conta das aspirações com a universidade que seus livros são sempre teses. É provável que, tal como os outros estruturalistas, Barthes mova-se em direção ao Estruturalismo conduzido pelo desamparo próprio aos intelectuais que não participam de um lugar na tradicional Sorbonne.

Mas é em 1957 que Barthes publicará uma coletânea de 54 estudos sobre o funcionamento de um mito na sociedade contemporânea intitulado "Mitologias". Esse livro será a sua consagração notória e é considerado uma das obras mais relevantes do período, desdobrando-se, mais tarde, numa outra obra chamada "O mito hoje".

"O mito hoje" contém os elementos de sua leitura tardia de Saussure, em 1956, e da descoberta de Hjelmslev, propondo, a partir disso, o programa semiológico global.

É inflamante o efeito que a leitura da Lingüística moderna provoca na obra de Barthes e, com isso, sua afirmação no movimento estruturalista se difunde rapidamente, provocando um grande número de adesões a seus seminários e adeptos de seu pensamento.

Quando desponta o interesse de Barthes pelas teorias lacanianas, ele propõe a André Green, no período de seu apaixonamento por Lacan, que faça uma apresentação dele em seu seminário: "O que eu fiz, era o meu período lacaniano, e em seguida fomos beber um trago no botequim

---

[165] Ulteriormente ele ingressa no CNRS (Centro Nacional de Pesquisas Científicas), a princípio como pesquisador de lexicologia e em seguida em pesquisas sociológicas. A qualidade de seu trabalho o levou a ser nomeado, em 1962, à École Pratique des Hautes Études. Defende sua tese de doutorado em 1967, com o título "Système de la mode".

[166] Ensinará na cadeira de semiologia literária, criada para sua mestria.

da esquina. Barthes inclina-se então para o meu lado e diz-me a meia voz: 'Está vendo aqueles dois ali? Eles vêm a todos os meus seminários, me perseguem, me contradizem de maneira muito desagradável, querem me ver em pedaços'. Eram Jacques-Alain Miller e Jean-Claude Milner"[167].

Roland Barthes, sem dúvida, com seu estilo irreverente aos cânones lingüísticos, será muitas vezes criticado por não fazer uma correta utilização das categorias saussureanas. Isso lhe valerá mais uma alcunha, mas, dessa vez, o nome recai sobre sua obra, "semiologia desviante" é o que dirá Mounin, afirmando que, ao contrário de Saussure que estabelece uma semiologia da comunicação, Barthes constrói uma semiologia da significação.

De uma acusação como estas, as críticas habituais endereçadas a Jacques Lacan estavam isentas. No entanto, o interesse de Barthes pelo ensino de Lacan mirava justamente a veia rigorosa estabelecida por este sobre o que encontramos em suas palavras: "É necessário, decerto, remontar a pares como os de *significante-significado* e *sincronia-diacronia*, para termos uma noção do que distingue o estruturalismo de outros modos de pensamento; o primeiro, porque remete para o modelo lingüístico, de origem saussureana, e porque, no estado atual das coisas, a lingüística é, ao lado da economia, a própria ciência da estrutura; o segundo, de uma maneira mais decisiva, porque parece implicar uma certa revisão da noção de história, na medida em que a idéia de sincronia [...] autoriza uma certa imobilização do tempo e a de diacronia tende a representar o processo histórico como uma pura sucessão de formas"[168].

Todavia, é reconhecidamente inegável o papel que ele ocupará enquanto catalisador de interesse e propiciador do sucesso que acometerá a Lingüística, ciência-piloto do Estruturalismo.

Entre Barthes[169] e Lacan, entretanto, configura-se uma distância significativa no que concerne à aplicação do pensamento de Saussure.

---

167 Entrevista concedida a François Dosse por André Green, citada por Dosse, F. (1993) *História do Estruturalismo. Volume I, O campo do signo – 1945/1966.* São Paulo: Ensaio, p.100.

168 Barthes, R. (1963) A Actividade Estruturalista. In: Prado Coelho, E. (org.) (1967) *Estruturalismo. Antologia de textos teóricos.* Lisboa: Portugália, p. 19.

169 A ambivalência criticada em Barthes é produzida, de um lado, por sua face que podemos chamar de estruturalista, na qual lança mão do método estrutural em suas

Enquanto o primeiro se empenha, demasiadamente, em preconizar uma liberdade absoluta da escrita, ultrapassando os paradigmas românticos, de certa forma retomados dos termos sartreanos, o segundo dedica-se a depreender a acepção do mestre genebrino, detendo-se no impasse colocado por este a propósito do sujeito. Se Barthes produz em sua obra uma questão sobre ética e estética no texto literário colocando-se num "não lugar", Lacan fará o mesmo, só que ancorado no rigor do instrumento estruturalista, logo, demarcando lugares, ordenando uma topologia que, bem antes de se configurar de maneira formalizada em seu ensino, esteve sempre presente como estilo do seu pensamento.

Sem dúvida alguma, esse paradigma retoma a questão da forma, em detrimento do sentido pleno, conferindo ênfase à Fonologia. Nesse sentido, Lacan é buscado por Barthes, apesar das diferenças com as quais cada um irá encaminhar as depreensões saussureanas.

---

análises do "Sistema da moda", do teatro de Racine, da mitologia burguesa, etc e, por outro lado, há um Barthes fascinado pelo "*Nouveau Roman*", apaixonado pelo teatro de Brecht, admirador da escrita experimental de Sollers, por onde denuncia a tirania do sentido estabelecido. Barthes se aproxima bastante dos novos teóricos do grupo *Tel Quel*, que reconhecem a importância da escrita literária e a vontade de ver nela um jogo subjetivo rebelde, capaz de questionar toda uma posição tética e dogmática.

FOUCAULT E LACAN

Lacan, de fato, subverte os termos propostos por Saussure em sua teoria do signo, mas o faz de dentro de uma total sintonia com o ensino saussureano. O rigor epistêmico com o qual ele percorria uma questão exigia-lhe um conhecimento apurado dos instrumentos que compunham a ordenação de suas idéias e Saussure lhe oferece fios preciosos para o tecido que irá cerzir. Dessa maneira se debruçará sobre a produção saussureana ampliando cada vez mais a interlocução com Jakobson.

A distinção entre língua, linguagem e fala o levará a demarcar as fronteiras entre a Psicanálise e a Lingüística, tomando para a primeira o encargo de tratar a ordem da fala. Isto, para além de situar bem as coisas, revelando uma relação no campo das diferenças, permitirá a Lacan ir adiante nas afirmações até então firmadas pela teoria do *cogito*, que exclui o sujeito da circunscrição da ciência. Ou seja, Lacan reintroduz o sujeito como elemento articulável no âmbito das construções científicas, apontando um sujeito do inconsciente.

As conseqüências dessa empreitada produzem efeitos relevantes para a "Nova Ciência", a Psicanálise. De certa forma, a partir da reverência à estrutura criam-se vertentes díspares, como é o caso das asserções de Piaget feitas no famoso colóquio de Cerisy[170].

O Estruturalismo jamais foi permeado por uma película homogênea; muito pelo contrário, seu caráter fascinante e instigante era composto de especulações, investigações e afirmações distintas sobre a

[170] Jean Piaget defende, utilizando o critério da epistemologia constituída como tributária das ciências duras, uma ruptura com toda tradição metafísica. Com isso, estabelece um estruturalismo genético, que se introduz em seu trabalho sobre a teoria da evolução da percepção, que se formaliza ao nível de sistema.

questão humana, que podiam se efetivar em terrenos múltiplos, embora ancoradas em pilares que continham o paradigma estrutural.

Os instrumentos que Jacques Lacan reúne para formalizar suas questões resultam numa tal circunscrição que promovem a possibilidade da dúvida sobre a pertença de seu nome entre os estruturalistas. Fundamentalmente, a exclusão do seu nome da lista dos porta-bandeiras da estrutura e da *epistéme* advém de uma questão sutil. Para o grupo em questão, os termos de tratamento da estrutura ancoram num extremo rigor epistêmico que tem como objetivo a completa decifração de suas questões.

Ora, para Lacan, certamente que essa concepção da estrutura era impossível.

A leitura de Lacan da obra freudiana leva-o a munir a teoria psicanalítica com uma instrumentação que, de maneira muito precisa, determina as imprecisões legadas da obra vienense no tocante a um de seus conceitos fundamentais: o Desejo.

Esse elemento está no cerne do impasse, pois a teoria do desejo, tão bem construída por ele a partir dos termos freudianos, tem, em sua constituição, a âncora calcada no conceito da falta. Portanto, no campo das acepções psicanalíticas, não há como se sustentar qualquer premissa que parta da hipótese ou mesmo da condição de uma completude.

Mas Lacan persegue, com o paradigma estruturalista, o rigor epistêmico, a demasiada consideração à linguagem e às descobertas freudianas, num compasso ritmado com as questões das ciências humanas, efervescentes a partir de 1945. Ele irá ficar, sem nenhuma dúvida, muito mais próximo do pensamento desse grupo do que dos psicanalistas da IPA.

Todos aqueles intelectuais que em meados do século XX recorriam à Psicanálise para recolocar a questão cartesiana, a partir dos conhecimentos da linguagem, enquanto fundadora do humano, estavam atravessados de um enorme descrédito com o que vinha se chamando nesse tempo de neofreudismo. O caminho desembestado da interpretação destituída de cientismo fazia declinar as pérolas descobertas por Freud.

Esse era o tempo em que uma epidemia assolava, contaminando um segmento extenso entre os pensadores do humano com a peste que interrogava a loucura. Artistas, dadaístas, surrealistas, antropólogos –

que, com Lévi-Strauss, passam a procurar o parâmetro da normalidade discutindo a alienação dos "trópicos" – e filósofos que, contaminados por novos paradigmas, retomam a história da loucura.

Aliás é esse o título da obra de Michel Foucault[171], que compõe mais um personagem relevante dessa plêiade.

A obra de Lévi-Strauss, "Tristes Trópicos", como já vimos, tem um efeito contagiante entre os pensadores das ciências humanas. Ela interpela a certeza de que a referência máxima para o conhecimento estava nas verdades européias, desfazendo o equívoco de uma atribuição alienada sobre os povos de culturas distintas, exumados nos trópicos, os quais eram colocados a anos-luz dos ideais eurocêntricos.

A partir de então, a Antropologia, de posse de novos elementos que fundamentam a existência humana, recoloca o lugar dos invariantes que revelam as operações universais nas práticas sociais.

A publicação do livro mais recorrido de Lévi-Strauss acontece em 1955 e é na esteira de suas afirmações que Foucault inicia, um pouco depois, seus escritos para "A História da Loucura".

O que havia de aparentemente insano nas sociedades primitivas passa a ser loteado e recolocado do lado da razão; portanto, edifica-se uma nova visada para a categoria da normalidade.

É com esse espírito que Foucault se dedica ao estudo das "fronteiras", tomando como questão o problema da loucura, de dentro da Filosofia, contando, dessa forma, com o prestígio de sua disciplina nessa incursão.

O parâmetro crucial com que o filósofo vai desenvolver sua tese é a patologia. Curiosamente, Foucault é marcado por uma ancestralidade de renome na Medicina, a começar pelo pai cirurgião. É parte de suas recusas à herança paterna o estudo da Medicina. Porém a veia contraída, onde não há escolhas, leva-o a formalizar um verdadeiro paradigma nas ciências humanas, simétrico ao modelo médico. Dessa maneira, pensar a loucura fora da Medicina, mas partindo da questão sobre a patologia, é o tempero da receita que deliciará, num festim, os adeptos dessa estrela do Estruturalismo.

---

[171] Paul-Michel Foucault nasceu em 15 de outubro de 1926 e morreu em 25 de junho de 1984, com aids.

Essa faceta negativa e sombria das reflexões de Foucault, que torce pelo avesso o que se apresenta na superfície, é tomada de uma gravidade específica quando examina as questões sobre a guerra. Sobre isso, um homem, conhecido como o mais hermético no tocante a sua vida privada, confidencia a respeito do cerne de suas inquietações: "O que me impressiona, quando procuro reunir as minhas reminiscências, é que quase todas as minhas lembranças emocionais estão vinculadas à situação política: [...] Penso que os rapazes e moças da minha geração tiveram sua infância modelada por esses grandes eventos históricos. A ameaça da guerra era o nosso horizonte, o nosso referencial de existência. Depois a guerra chegou. [...] Talvez seja essa a razão pela qual me fascina a história e a relação entre a experiência pessoal e esses acontecimentos nos quais somos colhidos. Penso ser esse o ponto de partida do meu desejo teórico"[172].

Estratégia, tática dos poderes, rupturas e relações de força, eram essas as noções presentes nos pensamentos, atormentados por depressões constantes, que acometem o filósofo da loucura, atento a todas as operações que configuram as relações sociais e privadas. Sem dúvida em cada um desses paradigmas do trabalho de Foucault está presente o conflito com a figura paterna.

Entre o filósofo que interroga a história da loucura e Lacan existe um magnetismo que, simultaneamente, aproxima e repele.

Os dois estavam instigantemente debruçados sobre as razões da loucura e, de maneira muito especial, são capturados pelo ensino de Jean Hyppolite sobre a obra de Hegel. Na linha de Kojève, Hyppolite oferece uma importante contribuição ao estudo da "Fenomenologia do Espírito", durante o pós-guerra.

O resultado dessa coincidência é diametralmente oposto. Enquanto, para Foucault, Hyppolite é tido como o mestre absoluto, para Lacan essa aproximação é marcada por uma oposição essencial. Hyppolite costumava defender que a Psicanálise era a substituta da obra hegeliana e da Filosofia. Para ele, o freudismo era um estágio constituinte do *logos*, ao que Lacan se contrapõe afirmando que Freud é o futuro de Hegel.

---

[172] Foucault, M. (1983) *Ethos.* p. 5. Citado por Dosse, F. Op. cit.: 172.

Após um período nebuloso de depressão, contendo uma tentativa de suicídio, Foucault estabelece endereçamentos que ultrapassam os registros curriculares da Filosofia clássica e adentra em investigações no terreno da Psicologia e da Psicanálise. É com esse espírito que irá escrever seu primeiro livro, "Doença Mental e Personalidade".

Mas a maior fonte das hesitações de Foucault com a Psicanálise e, particularmente, com Jacques Lacan vem das questões atravessadas com o Nome-do-Pai.

A negação do Nome-do-Pai é um elemento biográfico que mina todo tempo, de maneira contraditória, a sua obra. A começar pelo seu prenome, que é herança paterna, Foucault irá destituir, obstinadamente, o valor da paternidade como elemento constitutivo da subjetividade. Afirmava a inexistência de uma verdade do sujeito no discurso.

Combater a imperiosidade da paternidade é um propósito de Michel Foucault que é por ele mesmo destituído, sem que se dê conta, recaindo sempre em temas e investigações teóricas que sublinham a posição da alteridade, principalmente a ênfase no poder.

Ele bradará em defesa da atenção aos ecos da loucura privada de fala, primeiramente pela exclusão de uma cultura da razão, depois pela reclusão asilar. Analisa as operações que estão no cerne dessas conjunturas: "deixando de lado uma problemática que foi acrescentada bem tardiamente à experiência da loucura, tentaremos agora isolar as estruturas que adequadamente lhe pertencem – começando pelas mais exteriores (o ciclo de causalidade), passando a seguir para as mais interiores e menos visíveis (o ciclo da paixão e da imagem) para tentar chegar, finalmente, ao âmago dessa experiência, aquilo que pode constituí-la como tal: o momento essencial do delírio"[173].

Por esse caminho é que Foucault redimensiona a questão da loucura evocando Erasmo[174]: "[...]'O mundo está repleto de loucos'. Que significam também estas palavras do douto Eclesiástico: 'O louco muda como a lua, o sábio permanece como o sol?' Simplesmente que o gênero humano é louco e que Deus, imutável, é o único a ter o atributo da Sabedoria; pois a natureza humana é representada pela lua e Deus pelo

[173] Foucault, M. (1999) *História da Loucura*. São Paulo: Perspectiva, p. 215.
[174] Cf. Foucault, M. (1999) *História da Loucura. Primeira parte, Stultifera navis*. São Paulo: Perspectiva.

sol, fonte de toda luz. O próprio Cristo, no Evangelho, acrescenta que apenas Deus deve ser chamado bom: se sabedoria e bondade, como pretendem os estóicos, são termos idênticos, e se quem não é sábio é louco, tudo o que é mortal depende necessariamente da Loucura"[175].

Com Descartes a loucura toma os ares do negativo, sujeita a uma dejeção que se exila para dar lugar ao racional, sobre o que Foucault intervém: "Mas Descartes não evita o perigo da loucura do mesmo modo como contorna a eventualidade do sonho ou do erro. Por mais enganadores que os sentidos sejam, eles na verdade não podem alterar nada além das 'coisas muito pouco sensíveis e distantes'; a força de suas ilusões deixa sempre um resíduo de verdade"[176].

Passando pela relação entre a loucura e o parentesco até o estabelecimento dos asilos no século XVIII, o filósofo parece não deixar de fora nenhuma das fontes que retratam ou estudam a estranha e familiar loucura.

Toda essa trajetória de Michel Foucault é perpassada por um elemento de suas trevas particulares, o horror da morte, que o levará, recorrentemente, ao oráculo psicanalítico do qual, da mesma maneira que se aproxima, se afasta, peremptoriamente.

Ele chega até a obra de Freud muito cedo, assim como se lança a conhecer a leitura que dele faz Lacan, mas seu próprio drama psicológico é mortífero e implacável na resistência a sua análise pessoal, que o leva a abandonar um analista com poucas semanas de uma malograda tentativa de pôr fim a angústia que o conduz a tentativas suicidas.

A relação de Foucault com a Psicanálise será sempre perpassada por esse fio fronteiriço, o qual ele, por ironia, tentou sempre desbravar, dedicando-se ao estudo da obra de Lacan muito mais do que aqueles que tiveram com ele uma relação particular, como foi o caso de Koyré, Merleau-Ponty, Bataille, Lévi-Strauss, Jakobson e Heidegger, que julgavam ser o pensamento lacaniano extremamente hermético e difícil de acompanhar.

Todo o tempo de sua vida e de sua obra Foucault esteve às voltas com as questões concernentes à Psicanálise: o lugar do sujeito na história,

---

175 Rotterdam, E. de (1997) *Elogio da Loucura*. São Paulo: Martins Fontes, p. 92

176 Foucault, M. (1999) *História da Loucura*. São Paulo: Perspectiva, p. 45.

a morte, a loucura, a sexualidade, a alteridade, o poder, etc. E caminhou incorrendo sobre a letra de Freud, apesar de conseguir a proeza de, em 1961, publicar um livro a propósito da loucura sem que conste em sua extensa bibliografia o nome do mestre vienense, ao que comenta Canguilhem: "É, portanto, a significação dos começos da psiquiatria positivista – antes da revolução freudiana – que está em questão no trabalho do Sr. Foucault. E, através da Psiquiatria, é a significação do advento da Psicologia positiva que é revisada"[177]. De qualquer maneira, o destino do Nome-do-Pai na vida e no pensamento de Foucault foi sempre o de se revelar em sua denegação.

De forma muito especial a contribuição da tese de Foucault, que teve tanta repercussão não só na Europa, mas também na América Latina, possui o mérito, entre muitos outros, a destacar: da recusa na admissão da loucura como uma categoria nosográfica.

Como sugeriu Roland Barthes, há na obra de Foucault um estudo da forma, uma espécie de semiologia geral, que edifica "semantemas" capazes de situar a loucura de maneira distinta de uma acronia que a destitua de sentido e singularidade.

Sem nenhuma dúvida Jacques Lacan e a plêiade dos estruturalistas, que encaminham às questões para além do fenômeno, encontrarão em Michel Foucault um interlocutor sobre a loucura muito mais instrumentado do que os neofreudianos, que ao modo da Medicina atribuem um veredicto nefasto e inefável à loucura. De forma peremptória, há um aspecto no qual encontramos Foucault e Lacan alinhados, qual seja, fazendo uma oposição ao psicologismo, bradando que a loucura não é um fato da natureza e sim da ordem da cultura.

Lacan não era um foucaultiano, desde que, ao contrário de Foucault, não esgrimava com a razão cartesiana. Para ele, a pedra angular do pensamento moderno não era incompatível com a loucura e isso tratou de demonstrar com a sua teoria do sujeito do inconsciente. No entanto, encontrou no filósofo um vasto campo de articulações, as quais sempre

---

[177] Canguilhem citado por Roudinesco, E. (1994) *Jacques Lacan, Esboço de uma vida, história de um sistema de pensamento.* São Paulo: Companhia das Letras, p. 301.

apontou com saudação e reconhecimento e que podemos ver surgir como efeito em sua obra, no seu texto magistral "Kant com Sade", onde se encontra, evidente, a influência da concepção do "sistema das partilhas", razão/loucura, e da noção de círculo antropológico, da "História da Loucura".

ALTHUSSER E LACAN

Durante todo o trajeto de sua produção intelectual, Althusser, tal como Foucault, dedica-se ao estudo da obra lacaniana, dando a ela lugar soberano no conjunto das idéias que consagram o pensamento moderno sobre o humano. No entanto, ele acompanha mais de perto a engrenagem do texto de Lacan devido ao estudo da obra de Freud, a qual Foucault tangenciava com certo desdém.

Althusser nasce no ano de 1918[178], em Birmandreis, na Argélia, sendo admitido na Escola Normal Superior em 1939. É detido por 5 anos, na Alemanha, período no qual se corresponde com René Michaud, seu introdutor no marxismo. Em 1948 adere ao Partido Comunista Francês, enquanto na Escola de Ulm prepara candidatos a normalistas da Escola Normal Superior. Será orientado por Jean Hyppolite e Jankélévitch em sua tese sobre a política e a filosofia do século XVIII na França.

De católico praticante a ateu convicto e comunista foi preciso a guerra para transformá-lo. No entanto, sua veia religiosa se ativa nesse avatar no ferrenho culto ao comunismo, que o leva a buscar cada vez mais o purismo para o marxismo, de modo a transformá-lo numa Filosofia cristalina em oposição à fé religiosa.

Aluno de Bachelard[179], cuja reflexão epistemológica influenciará um contingente significativo, acentuará a noção de ruptura epistemológica, criada pelo mestre, sobre a qual adiciona os instrumentos estruturalistas para defender a especificidade da teoria marxista.

---

[178] Louis Althusser morre em 1990 depois de ser julgado irresponsável pelo assassinato de sua esposa Hélène e ser internado na Sainte-Anne.

[179] Gaston Bachelard será o responsável pela idéia da constituição de uma ciência da ciência, que edificaria o terreno para os processos do pensamento rigoroso. Opõe-se ao evolucionismo estabelecendo um relativismo, que ressitua o científico.

Apontava os equívocos das concepções que superestimavam o "Jovem Marx" dos manuscritos e das distorções que misturavam Marx com Hegel e Husserl. Antes de tudo, recolocava o problema da Filosofia marxista sob o prisma da questão entre ciência e ideologia e não entre ciência burguesa e ciência proletária, como costumavam colocar aqueles que, segundo ele, reduziam a obra marxista.

Althusser será o insurgente de uma nova leitura de "O Capital" e sublevará um método para acompanhar o pensamento marxista, a saber, a periodização, que analisa a letra de Marx em sua construção. Nesse sentido é que afirma que os escritos do "Jovem Marx" consistem na pré-história do marxismo e que "Teses sobre Feuerbach" e "A ideologia alemã" constituem a passagem decisiva da ideologia à ciência. Nesses últimos trabalhos é que Althusser encontra a "verdadeira ruptura epistemológica" de Marx, no sentido que Bachelard deu à expressão. Após tal ruptura estariam abandonadas por Marx as categorias filosóficas de "homem", "essência do homem" e "alienação", as quais são substituídas por "forças produtivas" e "relações de produção", permitindo assim o conhecimento científico da história.

Dessa maneira, Althusser propaga um anti-humanismo de Marx, partindo do pré-suposto de que humanismo é ideologia, e discute um "homem" imaginário, que não permite o conhecimento do humano, enquanto homem que exerce funções na estrutura.

Por esse caminho se perfaz a afirmação do filósofo de que o materialismo histórico não se reduz ao materialismo mecanicista, posto que o homem não é da ordem da natureza, mas sim da ordem da cultura.

As revoluções efetuadas na cultura pelas letras de Marx e Freud, entre os séculos XIX e XX, levarão a intelectualidade do mundo inteiro a pensar sobre como redimensionar o conceito de razão diante dessas duas sísmicas contribuições.

Se a teoria Marxista é tida como irracional, porque supõe a luta de classes, e a Psicanálise, porque afirma o inconsciente, então se estabelece o conflito da razão. Essa é a tomada althusseriana que aponta com ousadia que da mesma maneira que não é possível chegar à Psicanálise sem ser atravessado pela irracionalidade da transferência, pois assim é que se dá a experiência do inconsciente, também não se tem acesso à teoria marxista sem a experiência da luta de classes.

A originalidade do pensamento de Althusser é uma marca das discussões que proliferam a propósito das relações entre marxismo e humanismo. E nesse cenário ele encontra seu maior opositor em Roger Garaudy, que defende um humanismo marxista.

Porém, para além da guerra travada entre os discípulos de Althusser e a corrente de Garaudy, estava, no núcleo dessa querela, uma posição do filósofo que redirecionava o papel da Filosofia no confronto com as ciências sociais modernas. Ele preconizava que a Filosofia, enquanto teoria das práticas teóricas, tinha a atribuição de aferir sobre a validade das positividades, autenticando-as ou não. Era, para ele, portanto, a disciplina por excelência, apesar de ter a exigência de recolocar os problemas de acordo com os confrontos.

Tomado por esse espírito Althusser fará uma verdadeira inovação no programa de ensino que estabelece em 1961-62 na Escola Normal Superior. Ele, a pedido de seus alunos, dará um seminário sobre o jovem Marx, no qual propõe uma leitura de Marx ao modo das leituras de Aristóteles e Platão. Isso é bastante surpreendente e incitante para os que o acompanham, quando mais que essa era uma época onde muitos desse grupo anunciavam uma ruptura com o partido comunista francês.

Assim, Althusser atenua o "economicismo" marxista defendendo uma outra perspectiva para situar o pensamento de Marx, a saber, do lado das construções filosóficas. No entanto, deixa claro que ao afirmar que a ciência não é uma ideologia não está, com isso, minimizando o lugar que a ideologia ocupa na sociedade humana; dirá a esse respeito que a ideologia é a relação vivida pelos homens com o mundo.

Aliás, no cerne de suas elaborações, em "Por Marx", ele colocará que qualquer leitura da obra de Marx que faça dela uma interpretação humanista se converterá em nulidade.

Segundo Althusser, o marxismo não é apenas anti-humanismo, mas também anti-historicismo. Ou seja, não existe linearidade na história, nem ponto de chegada em metas prefixadas, o que há é uma sobre-determinação constituída por rupturas sucessivas. Dessa maneira fica destituída a idéia de que o homem pode deliberar sua ação num conjunto, numa classe, de forma que decide e direciona, necessariamente, um fim progressivo. Sua assertiva invoca a história como descontinuidade de conjunturas de diversas estruturas, não sendo possível definir o indivíduo e as classes fora das estruturas e das conjunturas.

Desde os primórdios de sua leitura de Marx, Althusser fará um ajuste interpretativo que execra todo comentário humanista e historicista do marxismo e, desse lugar, propõe-se a esclarecer a especificidade dessa obra.

Ficam postos, assim, quais os elementos que definem a pertença althusseriana entre os estruturalistas.

Da congruência do pensamento de Althusser com a tomada estruturalista e de sua leitura original de Marx é que se estabelece uma relação entre as releituras feitas de Saussure e de Freud por Jakobson e Lacan. Não obstante, a orientação althusseriana não deixa de conter uma ambigüidade do ponto de vista da crítica que efetiva ao Estruturalismo em função de uma posição alinhada ao marxismo. Utilizava o instrumento rigoroso de uma Lingüística bem estruturada nesse terreno, que interpretava todos os domínios do saber, a partir de uma semiologia geral e de um modelo fonológico bastante simples. No entanto, no trilho de Canguilhem, fazia ressalvas àqueles que se atribuíam a possibilidade de uma tal metalinguagem.

É com essa força que Althusser arrebanha, no decorrer do seu ensino, uma quantidade cada vez maior de discípulos que vêem renovadas as perspectivas dos estudos de Filosofia, que há anos vinham sendo referidos a Husserl e Heidegger.

O paradigma althusseriano, portanto, apóia-se no Estruturalismo para fazer um verdadeiro corte epistemológico no sentido de livrar o marxismo de uma caricatura ideológica e revigorar o estatuto científico do texto de Marx. E isso transcorre através de duas obras, tornadas pilares para os estudos das ciências sociais e da Filosofia nesse período. Em 1965 é publicado "*Pour Marx*", que é uma coletânea de textos de Althusser, e "*Lire le Capital*", que apresenta artigos de Althusser junto com Jacques Rancière, Pierre Macherey, Étienne Balibar e Roger Establet.

O sucesso imediato das duas obras promove um movimento da posição de seus leitores, principalmente dos discípulos de Althusser, em relação à leitura de Marx na própria fonte, pois até então havia uma tomada de posição marxista a partir das exegeses e não da obra em questão. Essa empreitada de ler Marx na esteira da provocação feita por Althusser produz, ao mesmo tempo, um verdadeiro fascínio pela vereda apontada por ele na ênfase ao discurso e à lógica. Isso retoma a teoria do ler propagada por Marx, mas negligenciada pelas leituras mimetizadas.

Portanto, o caminho vislumbrado e anunciado por Althusser é o de um rigor epistêmico implacável, que procura escapar de sistemas simplistas de causalidade. Porém não abre mão de um sistema de causalidade que fundamente o caráter científico de suas idéias, o que chamou de causalidade estrutural ou metonímica.

Esse conceito, usado como baliza para o caráter científico de sua teoria, é relativo ao que ele nomeia de eficácia de uma causa, que compete à visão de ausência da estrutura. Ou seja, a estrutura é definida como causa ausente para seus efeitos e excedente aos seus elementos, da mesma forma como Lacan aponta que o significante excede o significado.

É justamente essa dialética a propósito do vazio e dos conceitos importados por Althusser da Psicanálise, a saber, de sobredeterminação, condensação e deslocamento, que está no cerne do que irá aproximar Althusser de Lacan, promovendo uma nova corrente nos anos 60, denominada de althussero-lacaniana.

Ao mesmo tempo, o texto e o ensino de Althusser irão encontrar eco na Lingüística através de Michel Pêcheux, seu discípulo íntimo, e na Antropologia, através de Emmanuel Terray. O primeiro encontra em Althusser elementos aplicáveis à Lingüística a partir da concepção de ideologia, que conformará sua "análise do discurso" depreendida do lugar que ocupa o sujeito tal como preconiza Althusser, enquanto elemento universal da existência histórica. O segundo confere legitimidade a conceitos althusserianos, os quais irá relacionar com estudos de campo da Antropologia, escrevendo, em seguida, um livro aprovado por Althusser e propulsor de um interesse do filósofo em instalar uma interlocução no domínio da Antropologia.

Também na Economia, a obra althusseriana despertará interesse, sobretudo no que diz respeito às categorias de contradições entre relação de produção e forças produtivas também desenvolvidas por Charles Bettelheim: "Pondo assim a nu, vigorosamente, os fundamentos ideológicos da história hegeliana [...], Althusser prepara-nos à reviravolta cuja prática ele discerne em Marx. Em lugar de colocar a unidade do todo social em profundidade, e de designar atrás das diversas manifestações econômicas, políticas, artísticas ou religiosas, a presença, em cada momento total de um momento do conceito em cada uma das determinações de sua existência, Marx (segundo o procedimento que Althusser revela) vai tentar primeiro descobrir a *estrutura* 'relativamente autônoma' de cada nível [...], depois constituir o todo social como uma *estrutura complexa*, feita da articulação hierárquica dessas estruturas de nível: sendo a articulação em cada vez especificada pela *dominância* de um ou outro dos níveis articulados, e não se deixando compreender a passagem de uma articulação a outra senão pela *determinação em última instância* de todas as estruturas não econômicas pela estrutura econômica"[180]. Mas é só com o movimento de maio de 68 que haverá na Economia uma corrida efetiva dos economistas ao trabalho de Althusser, certamente adiado pelas dificuldades teóricas de seu texto.

Nos anos 60, além de se assistir a uma adesão crescente da tomada estruturalista em todas as disciplinas das ciências sociais, assiste-se, concomitantemente, às conseqüências do manifesto de Canguilhem, em 1956, no artigo intitulado "O que é a Psicologia?". No referido artigo ele efetiva uma crítica cerrada à Psicologia denunciando que esta disciplina era uma Filosofia sem rigor, uma Ética sem exigência e uma Medicina sem controle.

Como já foi dito, Michel Foucault no livro publicado em 1961, "História da loucura na idade clássica", destitui os ideais do saber dos historiadores da Psicologia e se põe a preconizar o perigo representado por essa referência. A posição foucaultiana é aplaudida por Canguilhem, seu orientador, e corroborada por Jacques Lacan.

Acontece que esse período coincide com a grande tensão no meio psicanalítico decorrente dos atritos de Lacan com a IPA e a SFP, produzindo uma nova cena psicanalítica em Paris, na qual o grupo atraído pelo ensino lacaniano era, em sua maioria, formada por psicólogos: "A massificação do movimento psicanalítico francês, que estabelecia um nítido corte, entre a terceira geração e as seguintes, era uma das conseqüências da democratização do recrutamento universitário. De fato, o crescimento dos efetivos entre 1955 e 1965 era acompanhado de uma forte implantação, na universidade, de matérias provenientes da Psicologia. Assim, assistia-se a uma substituição progressiva dos

[180] Wahl, F. (1970) *Estruturalismo e Filosofia.* São Paulo: Cultrix, p. 73.

intelectuais pelos tecnocratas"[181]. Ora, isso muito descontentava Lacan, que havia defendido uma formação filosófica para os analistas.

Por conta disso, apesar de não contar com o reconhecimento de alguns dos quais, muito cuidadosamente, desfrutou dos trabalhos como Koyré, Merleau-Ponty, Bataille, Lévi-Strauss, Jakobson e Heidegger, ele irá continuar investindo na Filosofia, o que lhe trará uma interlocução com Foucault, Althusser, Deleuze e Derrida.

Curiosamente, a primeira série de nomes conforma os que foram amigos de Lacan, enquanto que a segunda anuncia alguns dos que se dedicaram a lê-lo, depreendendo de seu ensino e de seus escritos elementos os quais utilizaram em seus trabalhos. Movimento inverso é o das capturas que Lacan faz para o seu próprio texto, que se refere aos primeiros nomes.

Em 1963, Althusser publica um trabalho sobre "Filosofia e ciências humanas". Esse texto chegará aos olhos de Lacan instigando o seu interesse pelo pensamento de Althusser, que assim o citava: "Lacan enxergou e compreendeu a ruptura libertadora de Freud. Compreendeu-a no sentido pleno do termo, tomando-a ao pé da letra com seu rigor e forçando-a a produzir, sem trégua nem concessões, suas próprias conseqüências. Ele pode, como qualquer um, errar nos detalhes, ou até na escolha de referenciais filosóficos: mas a ele devemos *o essencial*"[182]. Até então, eles nunca haviam se encontrado e a primeira vez que ouviu Lacan falar na Escola de Ulm Althusser achou-o exageradamente rebuscado e discordou de sua tese, que redimensiona a teoria do *cogito* admitindo a loucura em sua engrenagem.

Mas, de certa forma, a tese de Lacan capta o interesse de Althusser para quem o problema da loucura era uma faceta biográfica. Ele sofria de melancolia e, de uma maneira ambígua, submetia-se aos recursos psiquiátricos da farmacologia e a um processo terapêutico contra os quais, simultaneamente a seu tratamento, travava uma batalha, munido de críticas teóricas ferrenhas.

---

[181] Roudinesco, E. (1994) *Jacques Lacan, Esboço de uma vida, história de um sistema de pensamento.* São Paulo: Companhia das Letras, p. 300.

[182] Althusser, L. (1963) *Revue de l'Enseignement Philosophique, 13º ano, 5.* Citado em Roudinesco, E. (1988) *História da Psicanálise na França. A batalha dos cem anos. Volume 2: 1925-1985.* Rio de Janeiro: Jorge Zahar, p. 401.

Lacan tinha conhecimento dos problemas psicológicos de Althusser, por meio de uma analisante sua, que era amiga do filósofo. Pela via dessa analisante, Nicole Bernheim-Alphandéry, ele também será informado da impressão que causara a Althusser em 1945, quando da conferência sobre a loucura na Escola Normal Superior em Ulm.

Em 1963, após a leitura do artigo escrito por Althusser sobre "Filosofia e ciências humanas", Lacan faz contato com o autor na intenção de conseguir um convite para ir à Escola Normal Superior. Com esse fim redige uma correspondência, em 21 de novembro de 1963, que, numa cadência bastante pessoal, alude a relações antigas entre eles e comunica-lhe a realização de seu seminário sobre "Os nomes-do-pai" no dia anterior, no Sainte-Anne. Essa missiva consta ainda de um pedido de resposta e um convite para que Althusser vá a seu encontro.

A partir dessa correspondência, segue-se entre os dois homens um período que fixa um diálogo de papel, onde a dissimetria dos endereçamentos consistia no trato elogioso de Althusser com Lacan enquanto que o segundo restringia suas mensagens a questões sobre dia e hora de seu futuro Seminário[183].

Lacan não tinha nenhum entusiasmo pelo pensamento de Althusser e não acreditava no seu projeto de reelaboração do marxismo. Mas havia de sua parte um enorme interesse nos alunos de Filosofia que tomavam Althusser como mestre. Com a apresentação que Althusser fez de Lacan aos seus discípulos, este tinha um bom caminho andado para a conquista de seu público-alvo, podendo dessa forma livrar-se dos psicólogos que não possuíam instrumentos para acompanhar seu ensino.

Esse foi um tempo em que Lacan encontrava-se extremamente ansioso, ameaçando suicídio com tranqüilizantes, por conta das grandes tensões em torno de seu desligamento da IPA. É então quando, a 3 de dezembro, Althusser responde ao convite de Lacan para uma visita. Desse encontro, num jantar famoso, decorre uma passagem importantíssima da vida de Lacan.

Depois de muito escutar confissões de Lacan sobre seu mal-estar diante da traição dos colegas, Althusser resolve enviar-lhe, no dia seguinte

183 Conferir Roudinesco, E. (1994) *Jacques Lacan, Esboço de uma vida, história de um sistema de pensamento.* São Paulo: Companhia das Letras, p. 306.

ao encontro, uma carta: "Você diz que refletiu sobre o desejo do analista e que constatou que o que diz transforma a atitude de seus alunos e de seus analisandos, assim como a maneira de eles abordarem a realidade psicanalítica [...]. Você traz a cada um uma grande rede cheia de peixes e lhes indica o mar. Eles percebem que lá é o fundo deles, mas que não se pode pegar o mar com a rede. A ignorância teórica deles é tal que querer fazer com que saiam de seu vivido é um empreendimento desesperado. Não se passa sem ruptura de uma prática a seu conceito. Não foi de dentro, mas de fora que a ruptura lhe veio. Agora você está fora e eles permaneceram dentro, lá onde você estava, com eles, quando lhe haviam delegado a incumbência de suas relações exteriores, porque você era alguém de dentro"[184].

Essas palavras retratavam com toda pertinência a situação de Lacan, reduzido a membro sem funções didáticas na SFP. E é, provavelmente, por conseqüência do efeito que elas provocam que, após ser comunicado por Althusser de que conseguira com Fernand Braudel um cargo de conferencista na Escola Prática de Estudos Superiores, Lacan prepara seu primeiro Seminário para o dia 15 de janeiro de 64, com o título "A excomunhão". Assim, o dia de sua primeira comunicação no novo cargo foi o dia do registro de sua "excomunhão", marco da ruptura com a IPA, e que o coloca na posição de "mestre livre".

A aliança que Althusser propõe a Lacan o leva, ainda no ano de 63, a iniciar seus alunos nas obras de Freud e de Lacan e, a partir de uma exposição com esse propósito, a redigir um artigo magistral intitulado "Freud e Lacan"[185]. Nele, Althusser apontará o lugar que Lacan ocupa na história da Psicanálise, do ponto de vista da composição da rede teórica que efetiva, conferindo-lhe um estatuto científico: "Freud disse e

---

[184] Carta de Althusser a Lacan 4/12/63 citada por Roudinesco, E. (1994) *Jacques Lacan, Esboço de uma vida, história de um sistema de pensamento*. São Paulo: Companhia das Letras, p. 307-308.

[185] Por volta dos anos 60, uma certa vanguarda do Partido Comunista Francês inaugura encontros com o movimento literário, com os estruturalistas e com os acadêmicos. A época do degelo comunista em Paris é também o momento em que a revista "*Nouvelle Critique*", lançada em 1967, irá à procura de novas alianças nas ciências sociais. Essa publicação, apesar de ser um veículo de embates com os estruturalistas, é também o terreno onde será registrado o texto que introduz os marxistas na leitura de Freud e de Lacan: "Freud e Lacan", de Louis Althusser.

voltou a dizer que uma prática e uma técnica, mesmo fecundas, só poderiam merecer o nome de científicas quando uma teoria lhes desse, não por simples declaração, mas através de fundação rigorosa, o direito.

A primeira palavra de Lacan é para considerar literalmente esse dito. E dele tirar a conseqüência: voltar a Freud para buscar, discernir e apreender nele a teoria da qual todo o resto, tanto a técnica quanto a prática, saiu, de direito"[186].

Publicado em 1964, esse texto prenuncia as discussões sobre humanismo e marxismo que estabelecem a ruptura epistemológica do Marx de 1845, formalizada por Althusser.

Há ainda mais um acontecimento que pontuará a história da vida e da obra de Lacan e que passará por Althusser. Trata-se do encontro de Lacan com Jacques-Alain Miller. Aluno de Althusser, Miller, aconselhado pelo mestre irá ter contato com a obra de Lacan, com a qual ficará fascinado. Ainda muito jovem, com menos de 20 anos, Miller converte-se de vez ao lacanismo assim que assiste ao Seminário de Lacan sobre a excomunhão. A partir de então fará sucessivas exposições abordando a obra de Lacan sublinhado-lhe a possibilidade de manejar suas questões com "as próprias chaves"[187]. Miller afirmava que a obra de Lacan não mais era freudiana e sim lacaniana.

Resta ainda um breve relato biográfico sobre Althusser.

A história desse argelino começa com uma questão sobre a paternidade que o perseguirá por toda a vida. Esse é um drama com ares de romance e de conseqüências trágicas.

Lucienne Berger era noiva apaixonada de Louis Althusser, um jovem caçula, de família católica estabelecida na Argélia. O irmão mais velho de Louis, Charles, era noivo da irmã de Lucienne, Juliette. Ocorre que uma tragédia acomete esses personagens, alterando os vaticínios estabelecidos para o jovem Louis, sobre o qual recaíam presságios de grandes êxitos intelectuais. Louis vai à guerra de 1914 e é morto em um acidente de avião. As famílias decidem cumprir a lei bíblica do levirato, que ordena[188] o casamento do irmão mais velho com a viúva do mais

---

[186] Althusser, L. (1985[1918]) *Freud e Lacan. Marx e Freud.* Rio de Janeiro: Graal, p. 55.

[187] Sobre isso ver comentário de Roudinesco, E. Op. cit: 311.

[188] É interessante pontuar que a lei do levirato só incide no caso de viuvez e Lucienne Berger era então noiva de Louis.

novo, caso o substituto seja solteiro. Lucienne, então, se casa com Charles, tendo dessa união um filho que será batizado com o nome do tio morto.

A narrativa de sua saga atormenta Althusser de tal modo que dirá para sempre que não teve pai. Dessa afirmação contundente desenvolve uma teoria que dita a construção de uma operação que consiste em tornar-se pai do pai.

Como já foi mencionado, durante toda a vida Althusser sofre de uma angústia insistente que, por vezes, tomava a forma de uma melancolia, por vezes, de uma agitação descontrolada. Em uma de suas crises o psiquiatra Julian de Ajuriaguerra lhe confere um diagnóstico de psicose maníaco depressiva e o conduz a uma série de eletrochoques.

Althusser apaixona-se de forma mortífera por Hélène Ritmann, judia de origem russa, mais velha do que ele oito anos. Personalidade controvertida, Hélène é afastada do partido comunista por razões obscuras, acusada de crimes não esclarecidos. Sobre essa relação, que tomará o lugar de dispositivo da tragédia, dirá Jean Guitton, mestre e amigo de Althusser: "O âmago de Althusser é místico com suas características de amor do absoluto; por isso foi seduzido por aquela que se tornou sua esposa, ela também uma mística absoluta. Ela veio me ver. Parecia Madre Teresa. Ele me disse: 'Mestre, gostaria de lhe apresentar a mulher que amo'. Jantamos juntos. E desde a primeira vez vi que era ela que o dirigia, que era ela sua alma, que ela havia tomado meu lugar enquanto mestre; que ele vivia nela e para ela, e que ela ia orientá-lo para o comunismo"[189].

O extremo amor de Althusser por Hélène culmina no ponto onde se encerra o romance. Em 1980, Althusser assassina Hélène num estrangulamento. Foi o amigo e mestre Guitton que conseguiu fazê-lo escapar dos tribunais ficando recluso num hospital psiquiátrico até a morte, dez anos mais tarde.

Desde seu primeiro encontro com o texto de Lacan em *La Psychanalyse*, Althusser alia-se ao pensamento lacaniano fazendo bradar sem trégua uma homenagem à releitura "essencial" feita por este da obra de Freud.

[189] Roudinesco, E. Op. cit: 304 citando Moulier-Boutang, Y. (1992) *Louis Althusser. Une biographie*. Paris: Grasset, p. 375.

O efeito dessa propagação é ainda mais eficaz para a adesão de seus discípulos, conquanto situe-se numa relação de paridade com o psicanalista, de modo que o fascínio cegante de muitos outros interlocutores não o acomete e confere pertinência as articulações que da obra lacaniana depreende.

A reciprocidade do reconhecimento inexiste, de modo que Lacan chega a omitir o nome de Althusser no dia de seu primeiro Seminário na sala Dussane, na Escola Normal Superior, ocasião em que agradece a Robert Flacelière, diretor da ENS e a Braudel, que lhe concede o espaço, através de Althusser.

Sem dúvida a guinada dada por Lacan depois de seu banimento da IPA, tem seu marco simbólico na relação com Althusser, que além de lhe apontar a impropriedade de sua pertença a IPA o reconhece como fundador de um novo sistema de pensamento, que vai além da descoberta freudiana.

Dessa forma, a aproximação de Althusser abriu para Lacan um novo patamar de interlocuções e possibilitou-lhe o confronto com um público instrumentado para acompanhar a construção de seu pensamento. Esse veio, inaugurado com o auditório de Ulm, revigora as discussões de Lacan, convocando os diversos campos do saber a uma profícua conversação com a Psicanálise, paradigma fundamental do momento estruturalista.

CAPÍTULO V

A influência da tomada estruturalista na releitura lacaniana da obra de Freud

A Topologia do discurso da Psicanálise

> Quando realiza uma análise do inconsciente, a qualquer nível, Freud sempre faz uma análise do tipo lingüístico. Freud havia inventado a nova Lingüística, antes que esta nascesse. O senhor me perguntava em que me distinguia de Freud: nisto, no fato de que eu conheço a Lingüística. Ele não a conhecia e, portanto, não podia saber que o que fazia era Lingüística, e a única diferença entre sua posição e a minha se baseia no fato de que eu, abrindo um livro seu, em seguida posso dizer: isto é Lingüística. Posso dizê-lo porque a Lingüística apareceu alguns anos depois da Psicanálise. Saussure a começou pouco depois de que Freud, na 'Interpretação de Sonhos', tivesse escrito um verdadeiro tratado de Lingüística. Esta é a minha distância de Freud[190].

Essas palavras compõem um enunciado, endereçado a Caruso em 1966, como resposta no transcorrer de uma entrevista. O entrevistado, Jacques-Marie Émile Lacan, se tornara por esse tempo um personagem bastante controvertido dentro da massa analítica e intelectual francesa.

As acusações pelo lado dos antipatizantes eram muitas e se propagaram com efervescência, durante muitos anos, no transcorrer do vigor de um trabalho de ensino o qual, ele, paradoxalmente, realizava cercado por um contingente significativo de ferrenhos curiosos e admiradores.

Os Seminários de Lacan eram freqüentados pela nata da intelectualidade francesa, no conjunto das produções que emergiram a partir da década de 30 em Paris, circundadas pelo fio do Surrealismo e, mais tarde, do Estruturalismo.

---

[190] Caruso, P. (1972[1966]) *Conversaciones com Lévi-Strauss, Foucault e Lacan.* Barcelona: Editorial Anagrama.

Os caminhos percorridos por Lacan até chegar ao encontro com o texto freudiano, âncora de toda sua ulterior produção, são de um frescor excêntrico. Ele havia cursado Medicina e se tornado doutor através de uma tese em Psiquiatria, mas era, simultaneamente, assíduo componente dos círculos artístico, político e científico, onde se encontrava bem demarcada a questão do estilo.

Para Lacan, o estilo foi uma das primeiras preocupações que o conduziram à escrita. "O problema do estilo e a concepção psiquiátrica das formas paranóicas da experiência"[191] é um texto produzido no cenário em que transcorriam as discussões sobre a arte e a ciência, no que estas portam de universalidade, tratadas numa perspectiva de um recorte particular pela via da singularidade, expressa pelo estilo de cada comentário feito nesse conjunto.

"Problemas de estilo" coloca a questão da paranóia, aclimatado pelos casos de Aimée[192] e das irmãs Papin[193]. Andar por esse caminho é rever as reconsiderações de Lacan a propósito da paranóia, encontrando um eco desse significante numa frase de Freud, a propósito da Filosofia. Freud dizia que o discurso filosófico era um discurso paranóico e, dessa maneira, erguia a barreira que separava a Psicanálise da Filosofia.

Isso é tomar as coisas na superfície, naquilo que o termo superfície anuncia na topologia da borda, onde fica posto o circuito da estrutura em causa. Essa estrutura concerne à posição da Psicanálise em sua inserção na história do pensamento. Inserção que fará bradar sua atopia, na ordem que efetiva a vigência entre a Metafísica e a Ciência.

Sabemos que Lacan sofreu vários ataques, com vistas à sua posição de retornar a todo construto da Filosofia. Buscava, apesar das

---

[191] Lacan, J. (1987) O problema do estilo e a concepção psiquiátrica das formas paranóicas da experiência. In: *Da psicose paranóica em suas relações com a personalidade, seguida de Primeiros escritos sobre a paranóia.* Rio de Janeiro: Forense-Universitária, p. 375-80. [Publicado inicialmente no nº 1 da revista *Le Minotaure,* junho de 1933.].

[192] Lacan, J. (1987) O caso "Aimée" ou a paranóia de autopunição. In: *Da psicose paranóica em suas relações com a personalidade, seguida de Primeiros escritos sobre a paranóia.* Rio de Janeiro: Forense-Universitária.

[193] Lacan, J. (1987) Motivos do crime paranóico: o crime das irmãs Papin. In: *Da psicose paranóica em suas relações com a personalidade, seguida de Primeiros escritos sobre a paranóia.* Rio de Janeiro: Forense-Universitária.

admoestações, a instrumentalização para o que veio propor em sua teoria. Mas sempre sublinhou o quanto teoria e prática eram termos inapartáveis, na medida em que teoria é compilação de uma prática, balizada com todo o rigor de pressupostos universais.

A Filosofia percorreu cerca de dois mil e quinhentos anos, montando e remontando sistemas de pensamento que postulavam sobre o Ser. Esse Ser esteve aí sempre situado como aquilo que busca uma verdade absoluta que contenha todo o Bem. Tal imperativo tomou muitas formas e se colocou ao longo desse trilho, como apontando um objeto que se revelou, passo a passo, inapreensível. No entanto, esse reconhecimento, ou melhor, essa revelação não é dada a efeitos de dentro desse campo tão bem demarcado pelo rigor de suas especulações. É com a descoberta do inconsciente que será possível reconsiderar a operação de uma busca obstinada desse objeto.

Lacan, retomando esse estatuto, irá afirmar algo que surpreende a todos, com muita presteza, a saber, que é mesmo aí, onde se monta essa busca obstinada, que se opera algo que constituirá a topologia do discurso analítico, ou seja, é justamente por não ser possível o encontro com essa verdade que está dado o Ser desejante, em busca daquilo que é faltoso.

Ora, essa subversão que Lacan faz, ultrapassando as críticas ferrenhas dos opositores que lhe pediam contas de sua investigação filosófica, permitiu que fosse possível a ele conduzir seu ensino e suas construções, relendo e articulando, demonstrativamente, a teoria do desejo em Freud[194].

Certamente que a teoria sobre o desejo,como já dito, não estava colocada, em termos elaborados, na obra freudiana. Para Freud, o termo desejo portava uma gama de imprecisões, que ia desde uma certa similaridade com o conceito de pulsão até as recorrentes ambigüidades com os termos prazer, sexual, amor e demanda. Sem dúvida, o ponto mais elaborado em sua obra sobre o desejo se dá em torno da teoria da sexualidade infantil.

É então daí que Lacan partirá para construir uma teoria do desejo, encontrando o vértice com a Filosofia e tecendo uma demonstração que

[194] Ver a seguir: O inconsciente e a castração: a sistematização do Desejo em Lacan.

possibilitará recolocar a questão da relação da Psicanálise com a ciência, redimensionando o próprio conceito de ciência rubricado pela contundência cartesiana.

Essa vereda tomada por Lacan certamente que só é concedida pela utilização que fará dos argumentos filosóficos e do corpo da doutrina estruturalista, através das letras de Saussure, Lévi-Strauss e Jakobson, lidos por ele com a lanterna de Freud. Essa composição determinará um campo do saber radicalmente inovador. Na realidade, um campo do saber que marcará a história do pensamento humano impossibilitando que, depois dele, tudo o que diga respeito ao humano desconheça o inconsciente e suas formações reveladas na linguagem.

É com os elementos do sistema da linguagem que será possível situar, de forma demonstrativa, que a inserção da Psicanálise na cultura demarca, em sua atopia, o terreno de uma radical singularidade.

Freud, em sua tenaz busca de fazer da Psicanálise uma ciência, procurou insistentemente o caminho que lhe permitisse – marcado pelo racionalismo, legado de sua formação advinda da Escola de Helmholtz[195] - conferir universalidade aos seus pressupostos.

Foi a partir do mito da horda primeva em "Totem e Tabu"[196], de "Psicologia de grupo e a análise do ego"[197], do "Moisés e o Monoteísmo"[198] que ele construiu sua pretensa argüição universal para seu modelo operatório da subjetividade, o Édipo. No entanto, isso não foi suficiente. De certa forma, esses mitos mais lhe angariaram opositores do que adeptos. A Antropologia e a Sociologia de sua época fizeram ressoar brados de repúdio a equívocos que admitiam nas hipóteses edificadas por Freud.

---

[195] Ver capítulo I, O Inconsciente.

[196] Freud, S. (1974 [1913]) Totem e Tabu. In: *Edição Standard Brasileira das Obras Psicológicas Completas de Sigmund Freud. Vol. XIII. Totem e tabu e outros trabalhos.* Rio de Janeiro: Imago.

[197] Freud, S. (1976 [1921]) Psicologia de grupo e análise do ego. In: *Edição Standard Brasileira das Obras Psicológicas Completas de Sigmund Freud. Vol. XVIII. Além do princípio de prazer.* Rio de Janeiro: Imago.

[198] Freud, S. (1975 [1934-38]). Moisés e o Monoteísmo – Três ensaios. In: *Edição Standard Brasileira das Obras Psicológicas Completas de Sigmund Freud. Vol. XXIII. Moisés e o monoteísmo.* Rio de Janeiro: Imago.

Foi Lévi-Strauss quem forneceu os elementos para que os mitos freudianos se perpetuassem com vigor, em sua pertinência.

Lévi-Strauss apontou os operadores que havia por trás da malha imaginária do mito da horda primitiva e colocou em caixa alta as letras que inscreviam esse mito, como uma metáfora da hominização, pelo advento do simbólico.

Dessa maneira, estão compostos os elementos com os quais Lacan discorrerá a respeito de um inconsciente que se efetiva através da inserção simbólica determinante do desejo. É justamente calcado em seu aforismo do inconsciente estruturado como uma linguagem que ele construirá os ladrilhos da engrenagem para a articulação do desejo.

A engrenagem dos conceitos psicanalíticos é formulada a partir de quatro conceitos fundamentais: o inconsciente, a pulsão, a transferência e a repetição. Não são muitos, contudo essa rede se conduz de tal forma que a problemática que daí se coloca irá impor um rigor inarredável ao manejo das questões.

Falar em manejo das questões exige uma digressão que se impõe articular. É sempre intrigante o fato de que Lacan, ao recortar os quatro conceitos fundamentais da Psicanálise, deixe de fora o desejo. Como pensar que um campo do saber que se torna conhecido por "ciência do desejo" não contenha, em seu esboço teórico fundamental, esse desejo? A compreensão de um tal paradoxo, tal como o é o estatuto científico para a Psicanálise, se encaminha no seguinte trilho lógico: se um discurso, segundo certa tradição filosófica, é uma resposta a uma questão circunscrita por princípios determinados[199], então se depreende dessa topologia dos discursos que os quatro conceitos apontados por Lacan são o crivo da engrenagem conceitual que responde à questão da Psicanálise por excelência, ou seja, a questão do "desejo inconsciente".

Retomemos o texto da entrevista de Lacan a Caruso para arrematar o fio dessa construção. Lacan fará sua releitura de Freud situado pelas pepitas das letras de Saussure, Lévi-Strauss e, como já vimos, de Jakobson.

De Saussure, Lacan tomará de empréstimo a teoria do signo e a teoria do valor, para a partir daí conceber que o inconsciente é fundado e articulado pelo significante. Ele subverte o algoritmo de Saussure, dando

---

[199] Sobre isso ver Juranville, A. (1995) *Lacan e a Filosofia*. Rio de Janeiro: Jorge Zahar.

soberania ao significante, que será o núcleo para toda a sua demonstração do sujeito do inconsciente.

Mas o legado de Saussure não é suficiente para aquilo que Lacan preparava e foi na aproximação com Jakobson que encontrou, em outra parte da Lingüística, uma proposição a partir da qual elabora sua construção. O texto de Jakobson sobre as afasias[200] fornece a Lacan o esquema dos eixos metafórico e metonímico, por onde ele sustentará toda a sua articulação sobre os movimentos retóricos dos tropos de linguagem como operações estruturais da subjetividade.

Com esses modelos e ainda os postulados filosóficos de Sócrates, Platão, Aristóteles, São Tomás de Aquino, Santo Agostinho, Spinoza, Kant, Hegel, Kierkegaard e Heidegger, entre outros, irá tecer sua teoria do sujeito do inconsciente. Mas Lacan foi um curioso incansável das letras impressas pela humanidade. Por isso, sua obra contém um bordado de plastia literária, que encanta, pela suavidade com que entremeia o rigor árduo de suas articulações. Encontramos em sua obra outras inúmeras referências como as de Sófocles, Ésquilo, Apuleio, Shakespeare, Goethe, Molière, Swift, Kafka, Paul Claudel, Max Jacob e James Joyce, assim como se dão em suas amarrações passos que circundam a ciência com seus sopros mais atuais, tomando, por exemplo, os de Darwin, Einstein, Gödel, Möebius, Frege, entre outros.

Com tais instrumentos transitará pelo texto de Freud e estabelecerá o que poderíamos chamar de uma terceira tópica, a qual determina três registros – Real, Simbólico e Imaginário – relativos à teoria do inconsciente, a qual ampliará demasiadamente a leitura do texto freudiano.

Apesar da linguagem parecer ser algo tão propriamente humano, essa afirmação não convence facilmente. A história da Psicanálise é marcada por diásporas que se desdobram, após o já comentado corte de Lacan com a International Psychoanalytical Association (IPA), que tem como marco o seu pronunciamento em um discurso, feito em Roma, chamado "Função e campo da fala e da linguagem em Psicanálise"[201].

---

[200] Jakobson, R. (1975) Dois aspectos da linguagem e dois tipos de afasia. In: *Lingüística e comunicação.* São Paulo: Cultrix.

[201] Lacan, J. (1998[1953]) Função e campo da fala e da linguagem em Psicanálise. In: *Escritos.* Rio de Janeiro: Jorge Zahar.

Nesse texto, que é, sem dúvida, a primeira exposição pública do ensino de Lacan, encontramos as chaves para percorrermos o que, com a Psicanálise, circunscreve a topologia do universal, do particular e do singular articulado pela linguagem.

O pensamento de Lacan possui em seu estilo uma ordenação topológica e isso é claramente apontado aos que o acompanham, muito antes que ele venha a utilizar a ciência da Topologia em suas construções.

Nesse sentido, ele prepara o terreno para a sua releitura de Freud, mapeando a posição da inserção da Psicanálise na história do conhecimento.

Sem dúvida, aí se revela um paradoxo, na medida em que esse lugar encontrado é marcado por uma certa atopia, posto que a questão da Psicanálise, ou seja, o desejo inconsciente se situa ao nível do desconhecimento.

No entanto, essa atopia não deixa de cravar um lugar bastante definido, referente aos paradigmas metafísico, filosófico e científico, um lugar fundado pela diferença que daí se depreende.

A "Ciência do Desejo" circunscreve, a partir da fonte de dois mil e quinhentos anos da produção do conhecimento registrado, o complexo sistema que compõe a lógica do universal, do particular e do singular, estabelecendo relações, embora cunhe, no que concerne à sua práxis, uma intervenção no campo da singularidade.

De uma maneira geral, podemos dizer que a Filosofia é marcada por uma questão que busca uma resposta universal, porquanto estabeleça para o destino de sua especulação uma resposta que configure, em última instância, uma verdade absoluta sobre o Ser-Um.

Para a ciência, que se contrapõe ao discurso filosófico pelo desprezo quanto a uma especulação que possa prefigurar como resposta Uma-Verdade-Toda, a operação em circuito é da ordem do particular, posto que parte de uma necessidade em direção ao encontro de uma resposta que lhe corresponda. Uma resposta como essa é, enquanto tal, uma solução específica para um problema particular, do ponto de vista do recorte que a estabelece. Devemos, então, tomar particular como o que é relacionável no plano de uma determinada simetria, onde é possível aferir, com uma precisão que se confirma enquanto particularidade, num âmbito universal.

Ora, dessa maneira, podemos pensar que no que, diz respeito à dimensão da linguagem, tudo o que foi postulado dentro da Filosofia concerne à perspectiva do Ser, de modo que a Coisa a representar nesses termos possui uma estreita relação com Toda-Verdade, uma apreensão absoluta do objeto[202].

Então, temos que o advento da Lingüística enquanto ciência edifica-se ao distanciar-se dessa especulação sobre o Ser, que toma, como princípio, uma verdade absoluta. Ao mesmo tempo, demarca a procura de uma resposta suscetível de uma averiguação, que permita uma intervenção que diste do encontro reiterado com a falta.

Foi diante disso que Saussure[203] afirmou a necessidade, para a Lingüística, de elidir a fala do campo de suas investigações e demarcar o estudo da língua como paradigma que circunscreve, com seus princípios, sua ordem própria, erigindo a assunção na ciência.

O olhar de Lacan detém-se em cada ponto dessas construções, constituindo uma relação entre elas e inserindo a Psicanálise nessa cartografia. Depreenderá que o efeito da investigação filosófica produz, no sujeito que questiona, uma posição desejante diante da impossível resposta, ao tempo que a ciência rejeita o efeito da contradição, elidindo, dessa forma, uma certa nevralgia revelada pela busca da resposta.

A Psicanálise toma aí seu lugar nessa Topologia, produzindo um discurso psicanalítico no umbral do discurso filosófico, ou seja, tomando para si a questão sobre esse ser desejante, que é Ser de linguagem. Mas fará isso, justamente, sublinhando que esse ser de linguagem não é o ente, mas sim um sujeito produzido pela fala.

Dessa forma, podemos tomar esses termos entre a linguagem e a fala, levando adiante que, como o humano é constituído pela linguagem, estabelece-se aí o termo da universalidade, enquanto que a fala, naquilo que emite, estabelece, indubitavelmente, o termo de uma relação que será sempre da ordem do particular, posto que confirmamos em todo o segmento da história do conhecimento, tomado em qualquer ângulo, que quem fala endereça-se sempre a um outro, montando aí uma relação estritamente particular[204]. Resta ainda dar conta da singularidade, o que

---

[202] Cf. Juranville, A. (1995) *Lacan e a Filosofia.* Rio de Janeiro: Jorge Zahar.

[203] Saussure, F. (1987[1916]) *Curso de Lingüística Geral.* São Paulo: Cultrix.

[204] Lacan tratará dessa questão em sua articulação dos quatro discursos.

propriamente parece ser aquilo que a Psicanálise vem revelar com a máxima radicalidade, ou seja, a singularidade do desejo, enquanto representado pela combinação e substituição significante, absolutamente arredia a qualquer comunicação.

Nessa relação, o embaraço de Saussure diante da fala, supostamente o termo particular próprio à especulação científica, revela-se impossível para um manejo que prevê a exatidão. A fala é constituída pelo significante, que em sua singularidade é marcado por um Real inapreensível e de efeitos enigmáticos.

Então, temos que se a linguagem coloca o homem, enquanto falante, diante da universalidade que o constitui pela inserção simbólica, a falar para representar a coisa faltosa, ele falará sempre endereçando a um Outro a demanda de reconstituir essa falta, porém numa posição radicalmente assimétrica a esse Outro, que ao tempo que nomeará esse desejo, estruturando a linguagem, jamais poderá dizer da Coisa que falta.

Dessa Coisa faltante conheceremos apenas o que dela faz-se dizer, tornando-se outra coisa, que, em última instância, se fará representar produzindo um sujeito na cadeia significante, que só toma sentido na relação com esse Outro, forjando sempre uma forma a mais de dizer do que falta. Esse movimento discursivo constituído de uma estrutura estabelecida em sua singularidade é dado por um modo desejante, no qual S1 desejado por S2 desejante só se efetivam nessa relação na qual o primeiro só existe a partir do segundo, produzindo entre si um sujeito no lugar de um vetor S1 → S2.

A matematização que Lacan determina em sua demonstração tem um estatuto universal enquanto protótipo da operação linguageira, a qual, tomada na particularidade de um código, endereça seus nomes numa sintaxe sacada desse Outro. Assim, estabelece-se uma relação particular que combina, estruturalmente, esses nomes no trilho singular do desejo, que efetiva um deslocamento metonímico onde desliza o significante.

Um imbricado como esse leva Lacan a procurar na escrita matematizada uma demonstração que contém a lógica do universal, do particular e do singular. Temos isso bem retratado pelo esquema L, pelo grafo do desejo e, por fim, em sua construção do nó borromeano. Em todos esses esquemas matêmicos e topológicos estão postas essas três dimensões, visto que o próprio esquema demonstra operações universais que se estabelecem em estruturas particulares definidas pelo significante, em sua singularidade, não relacionável senão com outro significante, numa cadeia tecida pelo desejo.

A nervura que distingue particular e singular é fundamental e tem conseqüências importantes a depreender, entre elas a afirmação de Lacan de que não há relação sexual, desde que a sexualidade é uma inscrição significante calcada na imparidade e fundante do simbólico. No entanto, o sujeito erige seu objeto numa relação particular imposta pelo significante.

A Psicanálise se funda a partir dessa questão sobre o desejo, o sexual e o inconsciente constituídos de linguagem, mas, acima de tudo, linguagem de um sujeito produzido pela fala. Sujeito que Freud propõe reintroduzir na ciência elaborando uma espécie de Lingüística que, como Lacan nos aponta, ele próprio desconhecia.

Esse sujeito é carregado no trilhamento desejante cravado pelo significante que interroga a Psicanálise, re-situando um problema posto em questão por milênios: o que suporta uma ética?

O discurso psicanalítico é contundente na resposta que formula: a Psicanálise é suportada pela ética do desejo inconsciente, que, em sua singularidade, faz reverberar a gravidade da relação com o universal.

O inconsciente e a castração: a sistematização do desejo em Lacan

"A ética da Psicanálise" é fundamentada por Lacan em 1959 num Seminário que marca sua obra pelo rigor com que estabelece o campo da singularidade na Psicanálise. Não há outra ética possível ao abordar o inconsciente que a ética do desejo.

O desejo é assunto sobre o qual, desde sempre, as preocupações filosóficas especularam e a literatura não cessou de abordar. Por isso, se torna inevitável circunscrever de que lugar ele será tratado, ou seja, qual o divisor de águas que delimita o campo dos conceitos psicanalíticos.

Falar de conceitos psicanalíticos é falar do legado freudiano e essa construção não se consolida senão pela via da articulação de um conjunto de elementos que, pelo rigor científico com que é concatenado, funda-se e faz-se reconhecer como tal.

Partindo da constatação de que um conceito para ser psicanalítico precisa estar em relação com uma série de outros conceitos que possuem igualmente o mesmo estatuto e assim compõem um discurso, chega-se ao ponto de situar a ordenação, a sistematização que tais conceitos encontram, quando da perspectiva daquele que funda o campo da Psicanálise que é, propriamente, o conceito de inconsciente freudiano.

Lacan é levado a precisar o termo desejo na relação com o inconsciente e o faz assumindo a descoberta de Freud. Entre 1958 e 1963, articulará e demonstrará nos Seminários: "O desejo e sua interpretação", "A transferência", "A identificação" e "A angústia", o problema do desejo.

Como já vimos, o desejo é uma questão para a qual se formula como resposta o inconsciente e a castração. Essa afirmação convoca o Édipo, como metáfora freudiana da descoberta do inconsciente, que reconstitui a tragédia grega numa formulação estrutural na qual se circunscreve o desejo em sua relação com a linguagem.

O inconsciente, tal como Freud o concebe no "Projeto para uma psicologia científica", é uma concepção tópica, porém o lugar que revela é um lugar outro que não o de nossa conhecida relação com o mundo. Trata-se de um Outro lugar.

Outro lugar fundado pela lei da interdição do incesto. Mas essa lei que estrutura o Édipo dista da moral social e, estando para além dos limites da consciência, é, ela própria, o desejo, mas também seu avesso.

Sendo assim, o Édipo erige-se como estrutura, para além do mito, e funda-se como circuito subjetivo através do dispositivo da castração, inserindo o sujeito na ordem simbólica. A estrutura que se coloca na base desse complexo tem o falo como representante da falta constitutiva do humano. Encontramo-nos, portanto, no terreno do inconsciente, diante do qual Freud estabelece o marco do advento do humano pervertido da ordem natural, harmonizada na funcionalidade simétrica do instinto, que tem, instantaneamente, um objeto à espera da necessidade.

Ao humano está dada a dramática condição da criação, posto que terá incondicionalmente de forjar sempre um objeto que represente a falta radical da disparidade entre a pulsão e seu objeto. À pulsão Freud atribui a mitologia da Psicanálise, já que está situada num ponto irredutível dessas articulações. O desejo, enquanto tal, contém a marca da relação com a pulsão e esta se funda numa assimetria com o objeto.

Como já foi dito[205], Freud, na busca de teorizar sobre o desejo, encontra como resultado a referência a uma primeira satisfação. Lacan, diante dessa assertiva, aponta o mito relativo ao avatar do biológico no desejo. E demonstra que é mesmo nesse ponto mínimo que nos é dado pensar a hominização, o ponto onde, para além do natural, estamos atravessados por esse desejo.

Mas como acompanhar Lacan dada essa vereda freudiana?

Primeiro Lacan estabelece uma ruptura para a idéia de que haveria eqüidade entre o pulsional e o desejo, apontando nesse sentido, desde os primórdios, que o desejo é marcado de uma relação intrínseca com a ordem do biológico das necessidades e com a ordem linguageira da demanda de amor.

[205] Ver Capítulo I, O Inconsciente.

Em 1964, no Seminário sobre "Os quatro conceitos fundamentais da Psicanálise", dirá que há algo que situará de forma a estabelecer uma função mais geral para esses conceitos, a saber, o inconsciente, a repetição, a transferência e a pulsão, algo que os engloba e que demonstra seu valor operatório. A isso ele chamará a função do significante.

Lacan sublinhará o percurso de Freud, que através das histéricas, dos seus sintomas, chegará ao desejo, destacando que isso Freud depreende ouvindo-as falar, conectando nesse ponto que, se a histérica ao falar constitui seu desejo, expondo-o aos olhos do Outro como desejo insatisfeito, revela para ele, dessa forma, a relação do desejo com a linguagem[206].

O apelo à satisfação das necessidades vitais do homem é sempre endereçado a um Outro e, por isso mesmo, ganha um estatuto de demanda de amor.

Mas essa demanda jamais poderá ser atendida em absoluto, o que faz por onde se sublinhe ou repita o que é perdido, na impossibilidade de haver uma ordem biológica que se baste a si mesma.

O Outro, portanto, seria o lugar de onde na impossibilidade de responder simetricamente a uma demanda estrutura-se a relação do sujeito com a linguagem.

O desejo constitui-se no vértice entre a necessidade e o amor, no ponto em que a necessidade produz uma demanda a partir da qual a contingência insuficiente da resposta perverte a necessidade no avatar constituinte do desejo e o amor, por sua vez, é alienado pela necessidade. Portanto, o desejo funda-se numa operação simbólica presidida por uma dialética de posições ordenada imaginariamente: "é de fato como sujeito do pedido que o sujeito primeiramente se apreende e apreende ao próximo, e porque a importância do dom como símbolo de amor é tal que algo sempre subsiste dessa primeira apreensão e faz com que o sujeito não possa mais sair da ignorância em que se perpetua a alienação da castração, a menos que fique retido na própria idéia de que ele próprio represente algo"[207].

---

[206] Cf. Mafra, T de M. (1999) A topologia da verdade na psicanálise: a ética do desejo. In: *Um Percurso em Psicanálise com Lacan*. Rio de Janeiro: Companhia de Freud.

[207] Safouan, M. (1970) *Estruturalismo e Psicanálise*. São Paulo: Cultrix, p. 73.

A partir do regime do inconsciente forjado por Freud, Lacan dá um salto e demonstra o motor desse Outro lugar, a saber, o desejo. Desde Freud está dada a virada do que concebia o desejo como um fato biológico, algo da ordem da necessidade e do campo do natural, para tratá-lo como um fato de linguagem. Temos isso bem demarcado n' "A Interpretação dos Sonhos", marco que define que a expressão dos desejos só se pode revelar no trabalho de interpretação, ao nível da linguagem.

Mas, Lacan, apesar de apoiar-se no algoritmo saussureano para articular o inconsciente estruturado como linguagem, submete-o a uma série de modificações. Relega o significado em relação ao significante, atribuindo uma maiúscula ao segundo, que passa a deter a soberania na relação passando para o plano superior da barra. Ignora as setas determinantes da reciprocidade e do caráter indissociável entre os dois termos e, por fim, altera a perspectiva saussureana de uma relação entre os termos separados pela barra para uma perspectiva onde esta passa a ter um sentido de barreira ou resistência.

Porém, do ponto de vista da linguagem, como se dá essa engrenagem de um desejo perene, para o qual não há objeto possível?

A imperiosidade e eficiência do desejo constituem um axioma fundado num paradoxo. O que dele parece uma insuficiência – jamais encontrar um objeto que o corresponda – é justamente o que efetiva a sua indestrutibilidade.

Lacan vai dizer que a presença do desejo é a articulação temporal de um significante com outro significante, ou seja, a cadeia significante. Assim, o desejo se coloca como trilho da estrutura encadeada de significantes.

Até aqui, portanto, podemos sintetizar dizendo que desde Freud o objeto do desejo é perdido, é uma falta que se presentifica.

Mas se o objeto é perdido, nem por isso cessará o investimento em sua procura. Em busca da realização desse encontro decorrerá uma série substitutiva que manterá a condição faltosa desse objeto, uma rede tecida pela contingência faltosa e, portanto, deslizante perenemente. Isso estabelece a irredutibilidade do desejo à necessidade e constitui a operação que Lacan chamará de metonímia.

O desejo é do registro do simbólico e pressupõe a cadeia significante. A cadeia significante, por sua vez, é engrenada na relação com o significado e segundo dois eixos: de similaridade e de contigüidade.

Metáfora e metonímia representam esses dois processos respectivamente, numa elaboração estabelecida por Jakobson, e correspondem em Saussure aos eixos paradigmático e sintagmático, que executam, no primeiro caso, a substituição de um termo pelo outro e, no segundo caso, possibilitam a idéia de contexto e de ligação.

Para aquém de galgar o plano simbólico, o desejo se estatui no plano do imaginário, na referência ao outro ou à imagem do outro, que o constitui. Lacan elabora essa assertiva com a formulação do estágio do espelho a partir da qual ele afirma que "o desejo do homem é o desejo do Outro"[208]. A depreensão dessa operação determina a construção lacaniana dos três registros: Real, Simbólico e Imaginário.

Contudo, situar o desejo no terreno da linguagem exige estabelecer uma demonstração e isso Lacan efetiva demonstrando a estrutura da inscrição simbólica entre dois termos significantes S1 – S2. O desejo é, propriamente, aquilo que faz passar ou tende fazer passar do segundo significante para o primeiro.

Podemos, então, estabelecer que S1 é o significante mestre, o "um" do trilho simbólico, e ainda, como dirá Lacan, "O Nome-do-Pai" ou "A metáfora paterna", remetendo ao circuito edípico. Tomaremos S1 como o "um" e S2 como o "outro" e teremos estabelecido o circuito dessa cadeia que é a cadeia do desejo.

Lacan designa por S1, ou significante unário, o primeiro significante, aquele que aparece como desejável, e por S2 o significante binário, esse outro significante, a partir do qual o primeiro pode estabelecer-se em sua significância.

Concluímos desse ponto que, ser segundo o significante é efetivamente desejar e que o significante desejável não é o "um" em si mesmo, mas se constitui a partir do outro significante.

O que disso resulta é que, dessa forma, é dado o modo de ser desejável e, conseqüentemente, uma radical desilusão, ou seja, S1 só se torna desejável a partir de S2. Impõe-se, assim, a condição irrefutável da singularidade do desejo e, por isso, Lacan dirá que o significante em relação ao objeto nele desejado é sempre um semblante: "Esse semblante

---

[208] Lacan, J. (1998[1960]) Subversão do sujeito e dialética do desejo. In: *Escritos.* Rio de Janeiro: Jorge Zahar, p. 829.

é o significante em si-mesmo. Quem não vê que o que o caracteriza, esse significante do qual, em relação aos lingüistas, fiz esse uso que os incomoda, acontece que para escrever essas linhas destinadas a bem advertir que sem dúvida Ferdinand de Saussure não tinha a mínima idéia disso. O que é que se sabe? Ferdinand de Saussure fazia como eu, ele não dizia tudo; a prova é que encontraram em seus papéis coisas jamais ditas em suas aulas. O significante, se acredita que é essa boa coisinha que foi domesticada pelo Estruturalismo, acredita-se que é o Outro, enquanto Outro, e a bateria do significante, e tudo que eu explico, é claro. Bem entendido, isso vem do céu, porque sou um idealista quando é preciso"[209].

Mas essa inscrição significante, essa representação, é movida pela tendência ao reencontro que está condenada a perder sempre. Uma lei como essa é, radicalmente, distinta de uma ética clássica do encontro com o objeto do Bem. Subordinar a ação humana à determinação do seu Bem, mesmo que apartando esse Bem (*Gute*) da experiência do prazer, como o faz a doutrina kantiana, é andar na contramão do verdadeiro Bem, no sentido da *wunschvorstellung*, da representação do desejo, em sua singularidade.

Freud afirmou, estrondosamente, que o sujeito não sabe o que faz quando fala e disso depreende-se que é impossível significar-se e significar a ação de significação. Lacan acresce: "Não existe inconsciente pelo fato de existir um desejo inconsciente, obtuso, pesado, canibal e até mesmo animal, desejo inconsciente saído das profundezas, que seria primitivo e que teria de elevar-se ao nível superior do consciente. Muito pelo contrário, existe desejo porque existe inconsciente, isto é linguagem que escapa ao sujeito na estrutura e nos efeitos, e porque existe sempre algo no nível da linguagem que está além da consciência e é aí que se pode situar a função do desejo"[210].

Esse inconsciente, com Freud, o sabemos na fala, forjando continuamente mais um objeto. O nome o revela tirando-o do inferno e

---

209 Lacan, J. (1971[1996]) *De um discurso que não seria do semblante.* Recife: Centro de Estudos Freudianos, p. 10-11.

210 Safouan, M. Op. cit.: 32 citando Lacan, J. *Psychanalyse et médecine.* In: *Lettres de l'école freudienne.* N° 1, p. 45.

fundando as infindas combinações nas trocas simbólicas. Dessa forma, a Coisa da Psicanálise é corte com o Bem.

Como nos lembra Safouan, Lacan irá percorrer o campo da Coisa afirmando sua impossibilidade; dirá que o Bem Supremo não existe, a mãe é proibida.

No entanto, é preciso livrar essa assertiva de qualquer psicologismo, como um desejo pela mãe. Lacan, ao contrário de Freud, dirá que a angústia não é angústia de separação, e sim, insuficiência de interdição, invasão do Outro.

A posição incestuosa, enquanto ausência de interdição, produz uma marionete aprisionada ao desejo da mãe: "Por outras palavras, o desejo pela Mãe é sustentado por um desejo do desejo dela. Como esse último desejo do desejo permanece opaco para o sujeito (ademais, ele o é para a própria Mãe, já que é inconsciente), o desejo do desejo se reduz a um desejo do pedido. [...] O desejo do desejo, que é um desejo de ser amado, recebe a forma do realizado [...] determinando um certo investimento da imagem especular que a teoria analítica descreveu como narcisismo. E se amar é sempre querer ser amado ou propor-se como amável, um jeito simples de satisfazer esse desejo consiste justamente em... amar"[211].

Mas o amor enquanto preocupação freudiana como se introduz no conjunto dos construtos psicanalíticos?

Freud recorreu a *lieb* para falar desse novo conceito. *Lieb* pertence no alemão à linguagem corrente, mas ele a diferencia de *verliebtheit* que significa paixão amorosa, enamoramento, para nomear esse novo conceito. Dizia que a língua criou a palavra *lieb* em suas múltiplas acepções – amor próprio, amor filial e parental, amizade e amor pelos homens em geral, apego a objetos concretos ou a idéias abstratas e, dessa forma, seria mais apropriada ao uso que faria da palavra, dada a sua abrangência.

É notório o apreço de Freud à cultura grega e é possível que a escolha dessa palavra porte essa relação, pois o termo *philia* é representado por quatro categorias, a saber: *physikè*, *xénikè*, *hétairikè* e *erotikè,* que significam respectivamente amor consangüíneo, amor entre

[211] Safouan, M. (1970) *Estruturalismo e Psicanálise*. São Paulo: Cultrix, p. 54.

convivas, entre amigos e entre pessoas do mesmo sexo ou de sexos diferentes.

Freud encaminhará essa questão usando a palavra *lieb* aproximando-a do *eros* platônico, que remete à sua relação entre os sexos com a força amorosa. Portanto, já mencionava o que, anos mais tarde, Lacan irá sublinhar em seu texto sobre "A Transferência", que é o texto do "Banquete", de Platão, em particular o discurso de Aristófanes, que conta o mito da divisão do ser humano pela metade como castigo de Zeus e o conseqüente fardo da procura perene da sua outra metade.

No texto freudiano, Eros, Libido, Pulsão e Desejo são conceitos que muitas vezes se confundem; no entanto, nas articulações possíveis a Freud, é dado um destaque para a parcialidade das pulsões e seus pares opostos.

Freud, desde os primórdios, elaborou os textos sobre a transferência tomando como ancoradouro a relação com o amor; aliás, foi exatamente no aparente desastre amoroso entre Anna O. e Breuer que ele se obriga a pensar sobre o que ali se passa, chegando ao conceito de Transferência.

Desde então são muitos os textos de Freud que falam sobre o amor na clínica analítica, passando pela análise da transformação de amor em ódio e tendo, exponencialmente, o texto de 1912, traduzido como "Amor de Transferência", no qual discorre cuidadosamente sobre o jogo de engano produzido pela face imaginária do amor na cena analítica. Aponta que tudo o que um analisante atribuirá de amável a seu analista jamais encontrará, na realidade, coincidência.

Lacan tomará esse texto de Freud para apontar equívocos de sua leitura. Mostrará o quanto ele é tomado por uma interpretação que se faz pela via imaginária das operações em voga na transferência.

Se Lacan, entre tantas diferenças que marcam seu rompimento com a IPA, denuncia a face perigosa de um destino de análise, que toma como idealização uma posição especular, ele não o faz sem a contrapartida de um rigoroso construto teórico.

Em "A Transferência", encontramos um tom de intensa sofisticação nas articulações erigidas num ritmo que enleva a leitura, em compasso poético e de elaborações magistrais. Lacan principia esse Seminário falando do amor. E isso ele vai fazer, seguindo Freud, pela via do "Banquete" de Platão. Dirá que o que um sujeito irá procurar na análise será esse objeto que lhe falta, mas o que aí encontrará será essa falta, que ele aprenderá amando.

Analista e analisante no circuito da transferência basculam entre as posições de *érôménon* e *érastès*, a saber, amante e amado, que, como já vimos, é o tecido da saia pinçada que se passa no intervalo S1→ S2.

Lacan nos aponta que a função do analista é a de *cròn*, a saber, de estar além desse intervalo. O desejo do analista deve ser desejo de que haja desejo.

O amor ganha, nesse tempo das construções lacanianas, uma dimensão de conceito maior, a partir do que, pensando pela ótica do RSI, terá na clínica psicanalítica desdobramentos que vão além de sua face imaginária e se articulará como produção do simbólico. Às voltas com o engano produz-se criação, expressão dessa falta.

De outro modo, poderíamos dizer que esse amor, do ponto em que é operação contígua entre desejo e demanda, estaria no cerne da formulação mítica onde se inaugura diante de Outro a subjetividade. Ou seja, se há sempre uma resposta à demanda constitutiva de um *infans* para que a vida se mantenha, podemos pensar que haverá sempre, nesse marco inaugural da relação com o Outro, algo que é da ordem do amor.

Mas esse amor constitutivo, que responde a essa demanda como um Dom, será sempre um equívoco enquanto será sempre uma resposta construída, a partir daquilo que falta a esse Outro colocado na posição de suposto detentor do que falta.

E está aí a possibilidade de escapar de uma alienação mortífera, posto que é na impossibilidade de uma coincidência do encontro do desejo e seu objeto que se fará simbólico e se desdobrará, infinitamente, a cadeia de significantes.

O amor, portanto, é esse ponto das operações subjetivas constitutivas do humano onde ele alcança a máxima hominização. É esse tecer possível da brecha dramática da condição do humano, mina da reconstrução, auspício de que "[...] a vida dói quanto mais se goza e quanto mais se inventa"[212].

---

[212] Pessoa, F. (s.d) Passagem das horas. In: *Antologia Poética de Fernando Pessoa*. Rio de Janeiro: Ediouro, p.103.

É certamente por isso que Freud sempre deu assento para o amor como um indicador da saúde da mente, assim como dizia que se encontra na capacidade de criar e amar uma possível idéia de um fim de análise.

Portanto, por trás do fenômeno amoroso encontra-se uma complexa malha subjetiva concernente ao Édipo e: "Se há um ensinamento sobre o qual nenhuma experiência de analista deixa a menor dúvida, é o seguinte: há apenas uma única via através da qual a mãe introduz o filho na ordem simbólica, um único sentido que ele pode receber nela, aquele que lhe cabe pela castração materna, na medida em que ele represente o que ela perdeu, nomeadamente, o falo, e é na medida em que ele substitua para ela tal perda que ela se conforma. [...] Perda daquilo que ela nunca teve"[213].

A experiência analítica põe em curso a fala, onde se dá as comutações significantes capazes de ir além de uma relação de objeto, para encontrar um Outro Lugar de onde mina a linguagem. Aí está a singularidade da Psicanálise e o ponto onde ela marca a diferença de tudo o que a antecede: "De fato é porque a representação é aquilo em que a Coisa se transforma no momento em que se separa de tudo o que a linguagem nomeia que ela é o que é em Freud, a saber, um elemento associativo cujas combinações se fazem segundo leis que, se não são as da gramática nem da lógica, são, todavia, as da linguagem. Afinal, como poderia o inconsciente ser traduzido na linguagem comum, se não houvesse uma comunidade de estrutura? Melhor ainda: é só dentro de uma experiência que, verdadeira ascese, se desenvolve como uma experiência de discurso, que a descoberta de um objeto como o cíbalo fálico se torna possível. Que significa isso senão que o gozo é aquilo que permanece no segredo de toda fala, na medida em que, para o sujeito, se trata de afrontar nessa fala seu próprio querer? Esta não é uma operação fácil"[214].

O desejo é arredio a qualquer moral. Não há nada que possa domá-lo com imperativos categóricos. Estruturado com o Édipo, em Outro lugar que não o da consciência, o desejo incestuoso, desejo pela mãe, é interditado pelo pai instaurando o simbólico.

---

213 Safouan, M. Op. cit.: 60-61.

214 Safouan, M. Op. cit.: 80-81.

Assim, constituem-se os elementos estruturais da descoberta Psicanalítica, que se afastam do centro da tomada estruturalista, por não poder determinar com a pretensa precisão os elementos do sistema sobre o qual intervém. Os elementos com que lida a Psicanálise não são coerentes e completos, pois a estrutura que aborda é "des-completa" e antinômica.

No entanto, Jacques-Marie Émile Lacan viveu no tempo dessa insurreição e apreendeu os instrumentos mais importantes de sua obra dentro desse movimento intelectual, no qual teceu importantes e decisivos diálogos. Esse movimento revisita os sistemas de pensamento mais sofisticados, principalmente aqueles do século que o antecede, e deles depreende verdadeiras pérolas para, de sua posse, dar um salto adiante, re-situando o humano com o caleidoscópio do simbólico, ou seja, inscrevendo-o com sua morte. Lacan foi um dos quatro mosqueteiros do Estruturalismo[215], forjou elementos fundamentais para aqueles que o acompanhavam, dentro desse contexto, e deixou, na história do pensamento humano, a estrutura epistêmica para o destino vital da Psicanálise.

[215] Lévi-Strauss, Foucault, Althusser e Lacan ficaram conhecidos como os quatro mosqueteiros do estruturalismo.

ANEXO

DÉCADA	ACONTECIMENTOS HISTÓRICOS	ACONTECIMENTOS FILOSÓFICOS	ACONTECIMENTOS NAS LETRAS E NAS ARTES	ACONTECIMENTOS NA CIÊNCIA E NA HISTÓRIA DA PSICANÁLISE
1740	1740-1748: Guerra de sucessão austríaca. 1740-1780: Áustria – Maria Teresa. 1740-1786: Prússia – Frederico II. 1748: Paz de Auisgrano	1740: Voltaire – A metafísica de Newton. 1741: Hume – Ensaios morais e políticos. 1743: D'Alembert – O Tratado de Dinâmica 1744: Berkeley – Syris. 1748: Hume – Pesquisa sobre o intelecto humano. Diderot - Carta sobre os cegos. Montesquieu – O espírito das leis. La Mettrie – O homem-máquina.	1740: Nasce Paisiello. 1744-1749: Muratori – Anais da Itália. 1748: Klopstock – O Messias. 1749: Nasce Cimarosa. 1749 – Nasce Goethe.	1740: Huntsmann – Fundição do aço. 1742: Celsius – Termômetro centígrado.
1750	1755: Terremoto de Lisboa. 1756-1763: Guerra dos sete anos 1758: A Inglaterra toma o Canadá da França. 1759: Portugal – Expulsão dos jesuítas. O Marquês de Pombal expulsa os jesuítas do Brasil	1750: Rousseau – Discurso sobre as ciências e as artes. 1750-1758: Baumgarten – A Estética. 1751: Hume – Pesquisa sobre os princípios da moral e Diálogos sobre a religião natural. 1751-1766: Diderot e D'Alembert – Enciclopédia. 1752: Hume – Discursos Políticos 1753: Hume – Interpretação da natureza. 1754: Condillac – Tratado sobre as sensações. Rousseau – Discurso sobre a origem da desigualdade.	1751: Gray – Elegia. 1752-1753: Vanvitelli – O Paço de Caserta. 1753: Goldoni – A hoteleira. 1754-1762: Hume – História da Inglaterra. 1756: Nasce Mozart. Voltaire: Cândido.	1751: Galiani – Sobre a moeda. 1752: Franklin – O pára-raios. 1753: Londres – O British Museum. 1756: Kant – Os terremotos, Teoria dos ventos, Monadologia Physica.

1750		Mendelssohn – Diálogos filosóficos. 1757: Hume – História natural da religião. 1758: Helvetius – Sobre o espírito. 1758-1767: Condillac em Parma. 1759: D'Alembert – Elementos de filosofia.		
1760	1762-1796: Rússia – Catarina II, a Grande. 1763: Paz de Paris. Paz de Hubertsburg. 1765-1790: Toscana – Pedro Leopoldo 1768: Gênova cede a Córsega a França. 1769: Nasce Napoleão Bonaparte.	1761: Nova Heloísa, de Rousseau. 1762: Rousseau – O contrato social, Emílio. Voltaire – Tratado sobre a tolerância. 1763: Kant – O único argumento possível para demonstrar a existência de Deus. 1764: Beccaria – Dos delitos e das penas. 1764: Reid – Pesquisa sobre o espírito humano. Voltaire – Dicionário filosófico. Kant – Sobre o sentimento do belo e do sublime. 1766: Lessing - Laocoonte. Kant – Sonhos de um visionário.	1760: Goldoni – Os rústicos. 1762: Gluck – Orfeu. Goldoni – Contendas venetas. 1763: Parini – A manhã. 1764: Winckelmann – História da arte da antigüidade. 1764-1766: Milão – O café. 1765: Parini – O meio-dia. 1767: Mendelssohn – Fédon.	1765-1767: Genovesi – Lições de comércio. 1767: Lessing – Minna von Barnhelm. 1767-1769: Lessing – Dramaturgia de Hamburgo. 1769: Watt – Máquina a vapor.
1770	1772: Primeira divisão da Polônia. 1773: Clemente XIV dissolve a Companhia de Jesus.	1770: Kant – Dissertatio. D'Holbach – O sistema da natureza.	1772: Lessing – Emília Galotti. 1773: Macpherson – Cantos de Ossian.	1770: Galiani – Sobre o comércio de grãos. 1771: P. Verri – Meditações sobre a economia política.

1770	1774: Luís XVI, Rei da França. Primeiro Congresso de Filadélfia. 1775: Segundo Congresso de Filadélfia: Inicia-se a Guerra da Independência norte-americana. 1776: Terceiro Congresso de Filadélfia: Declaração de Independência.	1773: P. Verri - Discurso sobre a índole do prazer e da dor. 1775: Nasce Schelling 1779: Lessing – Nata, o sábio	1774: Goethe – As dores do jovem Werther, Prometeu. 1777: Alfieri – Da tirania.	. 1776: Adam Smith – Sobre a riqueza das nações.
1780	1780-1790: Áustria – José I. 1783: Paz de Versalhes – Reconhecimento dos Estados Unidos da América. 1786: Prússia – F. Guilherme II. 1787: Estados Unidos – Constituição. 1789: Revolução Francesa – Declaração dos direitos do homem e do cidadão.	1780: Lessing – Educação do gênero humano. 1781: Kant – Crítica da razão pura. 1783: Kant – Prolegômenos a toda metafísica futura. 1784: Kant – Idéias de uma história universal, O que é o iluminismo? 1785: Kant – Fundamentação da metafísica dos costumes. 1786: Kant - Princípios metafísicos da natureza. 1787: Kant – Crítica da razão pura (Segunda edição revista). 1788: Kant – Crítica da razão prática.	1781: Schiller – Os salteadores. Canova – Teseu vencedor do Minotauro. 1782: Alfieri – Saul. 1784: David – O juramento dos Horácios. Monti – Ao senhor de Montgolfier. 1785: Schiller – À alegria. 1786: Mozart – As núpcias de Figaro. 1787: Alfieri – Mirra. Schiller – Dom Carlos. Mozart – Dom Giovanni. 1789: Goethe – Primeiras elegias Romanas.	1780: Lavoisier – A teoria da combustão. 1780-1785: Filangieri – Ciência da Legislação. 1783: Montgolfier – O balão aerostático Cort – Laminador. 1784: Minckelaers – O gás de iluminação. 1785-1788: Fitch – barco a vapor. 1786: Cartwright – Tecelagem mecânica. 1787: A máquina a vapor de Watt aplicada à fiação.
1790	1790: França – Constituição civil do clero. 1790-1792: Áustria – Leopoldo II. 1791: França – 1ª Constituição.	1790: Crítica do juízo. 1792: Nasce Cousin. 1793: Kant – A religião nos limites da simples razão. 1797: Kant – A metafísica dos costumes.	1791: Mozart – Flauta mágica. Morte de Mozart. 1793: David – A morte de Marat. Schiller – Cartas sobre a educação estética da humanidade.	1791: Galvani –Eletricidade animal. 1794: Uso bélico do balão aerostático. 1795: Bramah – Prensa hidráulica. 1796: Senefelder – Litografia.

1790	1792: França – Guerra à Áustria, inicio da República, Valmy. 1793: França – Segunda Constituição. O Terror. 1793: Polônia – Segunda divisão. 1794: França – Reação termidoriana. 1795: Polônia – Terceira divisão. França – Constituição do ano III. O Diretório. 1796: Napoleão na Itália. 1797: Paz de Campoformio. 1798: Napoleão no Egito. 1799: Napoleão, primeiro cônsul. Nápoles: revolução.	1798: Fichte – Sistema da doutrina moral. 1799: Schleiermacher – Discursos sobre a religião.	1796: Goethe – Os anos de noviciado de W. Meister. 1797: Nasce Schubert. 1798-1800: A revista Atheneum. 1799: Schiller – Wallenstein (trilogia).	1798: Malthus – Ensaio sobre a população.
1800	1800: Batalha de Marengo. 1801: A paz de Lunéville. Napoleão e Pio VII – Concordata. 1802: Paz de Amiens. Napoleão cônsul perpétuo. 1804: Napoleão imperador – Código napoleônico. 1805: Batalhas de Trafalgar e Austerlitz; Paz de Presburgo. 1806: Fim do Sacro Império Romano. 1807: Paz de Tilsit. 1808-1809: Napoleão na Espanha.	1800: Schleiemacher – Monólogos, Schelling – Sistema do idealismo transcendental. 1801: Schelling – Exposição do meu sistema filosófico. Hegel – Diferença entre os sistemas de Fichte e Schelling. 1802: Hegel – Fé e saber. 1804: Morte de Kant. Schelling – Filosofia e Religião. Schleiermacher traduz toda a obra de Platão. 1806: Fichte – Introdução à vida bem aventurada.	1801: Schiller – Maria Stuart. 1800-1805: Aleijadinho esculpe os doze "Profetas", sua maior obra. 1802: Hölderlin – Patmos. Foscolo – Ortis. 1803-1869: Berlioz. 1804: Schiller – Guilherme Tell. Beethoven – Terceira sinfonia. 1805: Morte de Schiller. 1808: Goethe – Fausto (1ª parte). Beethoven – Sexta sinfonia (Pastoral)	1809: Lamarck – Filosofia zoológica. 1809: Nasce Darwin

1800	1809: Áustria – Metternich chanceler.	1807: Hegel – Fenomenologia do Espírito. 1807-1808: Fichte – Discursos à nação alemã.	1809: Goethe – Afinidades eletivas. 1809-1847: Mendelssohn-Bartholdy.	
1810	1811: Venezuela – Independência. 1812: Napoleão na Rússia. Espanha – Constituição de Cádiz. 1813: Derrota de Napoleão em Lípsia. 1814: Napoleão é forçado a abdicar. 1814-1815: Congresso de Viena. 1814-1824: Luís XVIII, Rei da França. 1815: Os Cem dias; Waterloo: Santa Aliança. 1816: Argentina – Independência. 1818: Chile – Independência. 1819: Colômbia – Independência.	1812: Hegel – Ciência da Lógica (Primeiro volume). 1816: Hegel – Ciência da Lógica (Segundo volume). 1817: Hegel – Enciclopédia. 1818: Nasce Marx 1819: Schopenhauer – O mundo como vontade e representação.	1810-1849: Chopin. 1810-1856: Schumann. 1811-1886: Liszt. 1812-1822: Manzoni – Hinos Sacros. 1812-1870: Dickens. 1813: Madame de Staël – A Alemanha. 1813-1883: Wagner. 1813-1901: Verdi. 1816: Rossini – O barbeiro de Sevilha Berchet – Carta semiséria de Crisóstomo. 1818-1819: Milão – O conciliador. 1818-1893: Gounod	1810: Berlim – Fundação da Universidade. 1814: Stephenson – Locomotiva a vapor. 1815: Fresnel – Teoria ondulatória da luz. 1817: Ricardo – Princípios de economia política.
1820	1820-1821: Movimentos liberais. 1821: Peru –Independência. 1821-1830: Grécia – Luta pela Independência. 1822: Brasil –Independência. 1823: Estados Unidos – Doutrina Monroe. 1823-1829: Leão XII, Papa.	1821: Hegel – Filosofia do Direito. 1824: Morre Maine de Biran. 1827 : Galluppi – Cartas Filosóficas. 1829 : Herbart – Metafísica Geral.	1820: Scott – Ivanhoé. 1821: Goethe – Anos de viagem de Wilhelm Meister (1ª parte). 1822-1890: Franck. 1822: Manzoni – Adelchi. 1824: Beethoven – 9ª sinfonia.	1820: J. Mill – Elementos de Economia Política. 1826-1866: Riemann. 1827: Lei de Ohm. 1828: Wöhler – síntese da uréia.

1820	1825: Rússia – Movimento decabrista. Bolívia – República Independente.		1827: Manzoni – Os noivos Leopardi – Operetas morais. 1829: Goethe – Anos de viagem de Wilhelm Meister. Nasce José de Alencar. Rossini – Guilherme Tell.	
1830	1830: França – Revolução de julho. 1830-1848: Luís Filipe – Rei dos Franceses. 1831: Carlos Alberto, Rei da Sardenha. Independência da Bélgica. Mazini funda a Jovem Itália. 1831-1846: Gregório XVI, Papa. 1832: Inglaterra – Reforma eleitoral. 1833: Inglaterra – Leis Sociais. 1834: Mazzini – a Jovem Europa. 1836-1839: Inglaterra – Cartismo. 1837-1901: Inglaterra – Reinado de Vitória.	1830: Rosmini – Novo ensaio sobre a origem das idéias. 1830-1842: Comte – Curso de Filosofia Positiva. 1831: Morte de Hegel. 1835: D. Strauss – Vida de Jesus. Morte de Romagnosi. 1838-1916: Mach.	1830: Stendhal – O vermelho e o negro. 1831: Bellini – A sonâmbula e Norma. Leopardi – Cantos. 1832: Pellico – As minhas prisões. Goethe–Fausto (2ª parte); morte. 1833: Nasce Brahms. 1834: Nasce Degas. 1835: Nasce Carducci. 1836: Gogol – O inspetor geral. 1838: Nasce Bizet. 1839: Nasce Machado de Assis. Nasce Mussorgskij. Nasce Cézanne. Dickens – Oliver Twist.	1830: Ferrovia Liverpool-Manchester. Thimonnier – Máquina de Costura. 1831: Henry – Motor elétrico. Viagem de Darwin ao redor do mundo (Até 1836). 1831-1879: Maxwell. 1832: Sauvage – Hélice. 1833: Faraday – Eletrólise. 1837: Morse – Telégrafo. 1839: Daguerre – Fotografia.
1840	1840-1842: Guerra do ópio. 1846-1878: Pio IX, Papa. 1847: Europa – Crise econômico-financeira. 1848: Revolução na Europa. A primeira guerra de independência italiana. O Estatuto Albertino.	1840: Trendelenburg – Pesquisas lógicas. Proudhon – O que é propriedade? Gioberti –Introdução ao estudo da filosofia. 1841: Feuerbach – A essência do cristianismo.	1840: Nasce Tchaikovsky. 1841: Nasce Dvorak. 1841: Nasce Renoir. 1842: Nasce Massenet. 1843: Gioberti – Sobre o primado moral e civil dos italianos. 1843: Nasce Grieg.	1840: Liebig – Adubos químicos. 1841: Joule – A lei da energia elétrica. 1845: Colt – Revólver de tambor. 1846: Morton – Anestesia com éter.

1840	1849: Vitório Emanuel II, Rei da Sardenha.	1843: Kierkegaard - Autaut. J.S. Mill – Sistema de lógica. 1843-1896: Avenarius. 1844: Cattaneo – Considerações sobre o princípio da Filosofia. 1844: Nasce Nietzsche. 1848: Marx-Engels – Manifesto do partido comunista. 1849: Kierkegaard – A doença mortal.	1844: Nasce Verlaine. 1845: Wagner – Tannhäuser 1847-1848: Thackeray – A feira das vaidades. 1848: Nasce Gauguin.	1847: Hoe – A rotativa tipográfica.
1850	1850: Sardenha - Leis Sicardas. 1852: Napoleão III, Imperador; Cavour – Primeiro-Ministro. 1853-1854: O Japão abre seus portos aos ocidentais. 1855: A campanha da Criméia. 1856: O Congresso de Paris. 1859: O Encontro de Plombières. A segunda guerra de independência italiana.	1851: Schopenhauer – Parerga e paralipômena. Ferrari: Filosofia da Revolução. 1854: Morte de Schelling. 1859: Marx – Por uma crítica da economia política.	1850: Wagner – Lohengrin. 1851-1853: Verdi – Rigoletto, O Trovador e A Traviata. 1851: Gioberti – Sobre a renovação civil da Itália. 1853: Nasce Van Gogh. Manuel Antônio de Almeida – Memórias de um sargento de milícia 1855: Nasce Páscoli. 1857: José de Alencar – O Guarani. Flaubert – Madame Bovary. 1858: Gonçalves Dias – Dicionário da língua Tupi. Nasce Segantini Nasce Puccini.	1852: Nova Iorque – Primeiro bonde. 1854: Barsanti-Matteucci – motor a explosão. 1855: Spencer – Princípios de Psicologia. 1855-1917: Durkheim. 1856 – Nasce Sigmund Freud 1857-1939: Lévy-Bruhl. 1858: Nasce Planck. 1859: Darwin – A origem das espécies. Kirchoff-Bunsen – Análise espectral.
1860	1860: Itália – Expedição dos Mil. 1861: Itália – Proclamação do Reino.	1862: Spencer – Os primeiros princípios. 1867: Marx – O Capital, vol I. Morte de Cousin.	1860: Nasce Mahler 1861-1867: Herzen – Passado e pensamentos. 1862: Alencar – Lucíola.	1860: Lippis – Torpedo. 1863: Brun-Bourgois – Submarino.

1860	Rússia – Abolição da escravatura. 1861-1865: Estados Unidos – Guerra de Secessão. 1862: Prússia – Bismarck, Chanceler. 1864: Pio IX– Quanta Cura e Sillabo. 1864-1876: A I Internacional, formada para unir as organizações socialistas e comunistas do mundo inteiro. 1865: Estados Unidos – Abolição da escravatura. 1866: Guerra austroprussiana e terceira guerra de independência italiana. Estados Unidos – Igualdade civil dos negros. 1868- 1873: Livingstone na África. 1869-70: Concílio Vaticano I – Infalibilidade do Papa.		Victor Hugo – Os miseráveis. Turgueniev – Pais e Filhos. 1862: Nasce Debussy. 1863-1869: Tolstoi – Guerra e Paz. 1864: Nasce Richard Strauss. 1865: Wagner – Tristão e Isolda. Nasce Sibelius José de Alencar – Iracema. 1866: De Sanctis – Ensaios críticos. Smetana. – A noiva vendida Dostoïevski – Crime e castigo. 1868: Ibsen – Peer Gynt. Wagner – O ouro do Reno.	1864-1867: Spencer – Princípios de Biologia. 1865: Berhard – Introdução ao estudo da medicina experimental. Mendel - As leis da hereditariedade. 1867: Siemens – O dínamo. Nobel – A dinamite. Monier – O cimento armado. 1869: Abertura do canal de Suez. Mendelejev – O sistema periódico dos elementos. Estados Unidos – Ferrovia transcontinental.
1870	1870: Guerra francoprussiana. Roma, Capital da Itália. 1871: Proclamação do Império Germânico. Repressão na Comuna de Paris. 1872: Alemanha – Inicia-se a Kulturkampf. 1874-1877: Stanley na África.	1871: Marx aponta a Comuna de Paris como o primeiro exemplo de ditadura do proletariado. 1872: Nietzsche – O nascimento da tragédia. 1874: Boutroux – Contingência das leis da natureza. 1877: Peirce – A fixação da crença.	1870-1872: De Sanctis – História da literatura italiana. Alencar – O Gaúcho. 1871: Verdi – Aída Rimbaud – O barco ébrio. 1872: Dostoïevski: Os demônios. 1875: Nasce Ravel. 1876: Wagner em Bayreuth. O anel de Nibelungo.	1870: Ardigò – A Psicologia como ciência positiva. 1871: Darwin – A origem do homem. Charcot desenvolve estudos sobre Histeria na Salpêtrière. Meucci – Telefone. 1872: Nasce Clérambault. 1876: Lombroso – O homem criminoso.

1870	1876: Itália – A esquerda no poder. 1877: Japão – Fim do feudalismo. 1878: Humberto I, Rei da Itália. Leão XIII, Papa. Congresso de Berlim. 1879: Leão XIII – Aeterni Patris.	1878: Engels – O AntiDühring. Peirce – Como tornar claras as nossas idéias. 1879: Ardigò: A moral dos positivistas.	Alencar – O Sertanejo. Mallarmé – A tarde de um fauno. 1877: Morte de José de Alencar. Carducci – Primeiras Odes bárbaras. 1878: Tolstoi – Ana Karenina. 1879: Ibsen – Casa de bonecas. 1879-1880: Dostoïevski: Os irmãos Karamazov.	1877: Édison – Fonógrafo e microfone. 1878: Édison – Lâmpada elétrica. Freud muda o nome Sigismund para Sigmund. 1879: Pasteur – O princípio das vacinas. Nasce Einstein. Wundt – Instituto de Psicologia Experimental.
1880	1882: Tríplice Aliança. 1884: Inglaterra – Reforma eleitoral. 1885: Conferência de Berlim. 1887-1896: Itália – Época crispina. 1888: Alemanha – Guilherme II, Imperador. Brasil – Abolição da escravatura. 889: Proclamação da República do Brasil. A II Internacional. Itália-Etiópia – Tratado de Uccialli.	1881: Nietzsche – Aurora. 1882: Nietzsche – Alegre ciência. 1883: Dilthey – Introdução às ciências do espírito. 1884: Windelband – Prelúdios. 1885: Nietzsche – Assim falava Zaratustra. 1886: Nietzsche – Além do Bem e do Mal. Prelúdio a uma Filosofia do Futuro. 1889: Nietzsche é internado na Clínica Psiquiátrica de Iena. Bergson – Ensaio sobre os dados imediatos da consciência. Bernstein – Os pressupostos do socialismo.	1881: Machado de Assis – Memórias póstumas de Bráz Cubas. Aluízio de Azevedo – O mulato. Verga – Os indolentes. Fogazzaro – Má sombra. Ibsen: Espectros. 1881: Nasce Béla Bartók. 1882: Wagner – Parsifal. Carducci – Novas Odes Bárbaras. 1883: Morte de Wagner. Maupassant – Uma vida. 1884: Huysmans – A contrapelo. 1885: Émile Zola – O germinal. 1886: Rimbaud – As iluminações. Nasce Manuel Bandeira. 1887: Carducci – Novas rimas.	1880: Invenção da bicicleta. Breuer inicia o tratamento de Bertha Pappenheim (Anna O.) 1881: Freud forma-se em medicina. 1882: Koch – Bacilo da Tuberculose. Noivado de Freud e Martha Bernays. 1883: Morte de Marx. Maxim – A metralhadora. Kraepelin: Tratado de psiquiatria 1884: Frege – Os fundamentos da aritmética. Pesquisas de Freud com a cocaína (propriedades energéticas e antidepressivas). 1885: Daimler-Benz – O automóvel. Freud vai estudar em Paris com Charcot.

1880			Nasce Heitor Villa-Lobos. Verdi – Otelo. 1888: Verga – Mestre Gesualdo. 1889: Carducci – As terceiras Odes Bárbaras. D'Annunzio – O prazer.	Pasteur inocula a primeira vacina de hidrofobia. 1886: Casamento de Freud. 1887: Freud conhece Fliess. Adota a hipnose. 1889: Nasce Wittgenstein. Freud utiliza o método catártico com Emmy von N.
1890	1890: Hospital Pedro II é transformado no primeiro hospital de "loucos" do Brasil, na linha de Pinel. Alemanha – demissão de Bismarck. 1891: Leão XIII – Rerum novarum. Constituição brasileira baseada na filosofia de Comte (Ordem e Progresso). 1892: Fundação do partido socialista italiano. 1894: França–Explode caso Dreyfus. 1896: Derrota de Ádua – Cai Crispi na Itália. 1898: Criação da Liga dos Direitos Humanos. A guerra hispano-americana. Movimentos de Milão.	1890: Avenarius – Crítica da experiência pura. 1893: Bradley – Aparência e realidade. Blondel - A ação. 1896: Bergson – Matéria e memória. 1897: Dewey – O meu credo pedagógico. 1897 - Labriola – Sobre o materialismo histórico. 1899: Haeckel – Os enigmas do mundo.	1890: Oscar Wilde – O Retrato de Dorian Gray. 1891: Páscoli – Myricae. Machado de Assis – Quincas Borba. 1892: Nasce Honegger. 1893: Verdi – Falstaff. Nasce Mário de Andrade. 1895: Fogazzaro – Pequeno mundo antigo. 1895: Nasce Hindemith. 1898: Nasce Gershwin. 1899: Tchecov – O tio Vanja.	1890: James – Princípios de Psicologia. 1891: Freud – Sobre a concepção da afasia. Início da ferrovia transiberiana. 1892: Diesel – O motor Diesel. Nasce Marguerite (Aimée de Lacan) 1893: Carta de Freud a Fliess sobre a teoria da sedução. Morte de Charcot. 1894: Saussure inicia a elaboração dos fundamentos da Lingüística Moderna. 1895: Röntgen – Raios X. Lumière – Cinematógrafo. Freud - Projeto Para Uma Psicologia Científica Freud e Breuer - Estudos Sobre a Histeria. Adesão de Freud à associação judaica B'nai B'rith. Carta de Freud a Fliess sobre o esquema da sexualidade.

1890				1896: Becquerel – Radioatividade dos sais de Urânio. Freud emprega a palavra Psicanálise pela primeira vez em "A hereditariedade e a etiologia das neuroses". Nasce Jakobson. 1897: Freud inicia sua auto-análise. Freud renuncia à teoria da sedução. Carta de Freud a Fliess sobre a interpretação da Tragédia Édipo. Marconi – Telégrafo sem fio. Lombroso – Gênio e degenaração. 1898: P. e M. Curie – Radium. Carta de Freud a Fliess sobre a análise de um ato falho. 1899: Hilbert – Os fundamentos da geometria.
1900	1900: Assassinato de Humberto I. Vítor Emanuel III, Rei da Itália. China – Revolta dos boxers. 1901: Eduardo VII, Rei da Inglaterra. 1903: Pio X, Papa. 1903-1913: Itália – O período de Giolitti.	1900: Morte de Nietzsche 1900-1901: Husserl – Pesquisas lógicas. 1902: Croce – Estética. Poincaré – A ciência e a hipótese. Lênin – O que fazer? 1903: Russell – Os princípios da matemática.	1900: Conrad – Lorde Jim. Machado de Assis – Dom Casmurro. Nesce Gilberto Freyre. 1901: T. Mann – Os budenbrook. Nasce Cecília Meireles. Kipling – Kim. Tchecov – As três irmãs.	1900: Freud – A Interpretação dos Sonhos Planck - Teoria dos Quanta. Zeppelin – Dirigível 1901: Nasce Jacques Lacan. Freud - Sobre a Psicopatologia da Vida Cotidiana 1901: De Vries – Teoria das mutações.

1900	1904-1905: Guerra russo-japonesa. 1905: Rússia – Primeira revolução. 1906: Conferência de Algesiras. Inglaterra – Partido trabalhista. Itália: Confederação Geral. 1907: Pio X – Pascendi (Contra o modernismo). 1908: Bulgária, reino independente.	Moore – Refutação do idealismo e Principia éthica. 1905: Croce – Lógica. 1907: Bergson – A evolução criadora. 1907: James – Pragmatismo. 1908: Croce – Filosofia da prática. Boutroux – Ciência e Religião. 1909: Lênin – Materialismo e empiriocriticismo.	1902: Euclides da Cunha – Os Setões. Nasce Carlos Drummond de Andrade. 1903: Páscoli – Cantos de Castelvecchio. Croce publica a revista La critica (Até 1944). 1904: Machado de Assis – Esaú e Jacó. Pirandello – O finado Matias Pascal. D'Annunzio – A filha de Jório e Alcyone. Tchecov – O jardim das cerejeiras. 1906: Nasce Shostakovich. 1907-1908: Gorki – A mãe. 1908: Nasce Guimarães Rosa. Machado de Assis – Memorial de Aires. Morte de Machado de Assis. Revista La Voce (Até 1916). 1909: Marinetti – Manifesto futurista.	1902: Conclusão da transiberiana. Encerra a correspondência Freud-Fliess. Criada a primeira sociedade psicanalítica do mundo: Sociedade Psicológica da Quarta-feira. 1903: Os irmãos Wright – O primeiro vôo. Rutherford – Radioatividade. 1904: Boveri – Cromossomos. 1904-1906: Duhem – A teoria física. 1905: Einstein – A relatividade estrita. 1905: Freud - Três Ensaios Sobre A Teoria Da Sexualidade - Os Chistes E Sua Relação Com O Inconsciente. 1906: Jung – Estudos de associação diagnóstica. 1907: Lumière – Fotografia a cores. Freud – O delírio e os sonhos na "Gradiva" de Jensen. Início da análise de Ernst Lanzer com Freud (homem dos ratos) 1908: Nasce Lévi-Strauss. Criação da Associação psicanalítica de Berlim por Karl Abraham.

1900				Nasce Françoise Dolto 1909: Contador Geiger. Freud apresenta as "Cinco lições de Psicanálise" nos EUA.
1910	1911: China – Revolução dos Jovens Comunistas. 1911-12: Guerra ítalo-turca (Líbia). 1912: I Guerra balcânica. Itália: Sufrágio universal masculino. 1913: II Guerra balcânica. 1914: Explode a I Guerra Mundial. Bento XV, Papa. 1914: Assassinato do arquiduque Francisco Ferdinando. Alemanha declara guerra a França. E a Inglaterra declara guerra a Alemanha. 1915: A Itália entra na guerra. Inicia-se a guerra submarina alemã. 1917: Rússia – Revolução. Estados Unidos entram na guerra. Itália – Caporetto. 1918: Fim da I Guerra Mundial. Proclamação da República da Áustria, Hungria, Alemanha e Polônia.	1910: Simmel – Problemas fundamentais da filosofia. 1913: Husserl – Idéias para uma fenomenologia pura. Rosa de Luxemburgo – A acumulação do capital. 1913-1916: Scheler – O formalismo na ética. 1915: Criação do Círculo Lingüístico de Moscou. 1916: Gentile – Teoria geral do espírito. Lênin – Imperialismo, etapa superior do capitalismo. 1917: Croce –Teoria e história da historiografia. 1917-1922: Gentile – Sistema de lógica. 1918: Russell – A filosofia do atomismo. 1918-1922: Spengler – A decadência do Ocidente. 1918: Nasce Althusser. 1919: Barth – A epístola aos Romanos.	1911: O grupo de O Cavaleiro Azul (Kandinsky, Mare, Klee). Schönberg – Tratado de harmonia. 1912: Nasce Jorge Amado. Claudel – O anúncio a Maria. 1913: Stravinski – A sagração da primavera. Proust: No caminho de Swann. 1913: Nasce Britten. 1914: Nasce Dylan Thomas. 1915: Masters – Antologia de Spoom River. Picasso: O arlequim. Nobel de literatura: Romain Rolland 1915-1918: Obras mais famosas de Modigliani. 1916: Kafka – A metamorfose. Nascimento do "dadaísmo" (Zurique). 1917: Bandeira – Cinza das horas. Pirandelo – Assim é (se lhe parece). 1919: Gropius - A escola de Bauhaus. (Fechada em 1933).	1910: Serguei Constantinovitch Pankejeff inicia análise com Freud Freud: Uma lembrança infantil de Leonardo da Vinci. Freud propõe a fundação de uma organização internacional de psicanálise (IPA). 1910-13: Russell-Whitehead – Principia mathematica. 1911: Rutherford – modelo do átomo. Freud analisa o caso Schreber. 1912: Juliano Moreira funda a psiquiatria brasileira moderna e divulga a doutrina freudiana. Adler – O temperamento nervoso. Lenz – Genética humana. 1913: Bohr – Modelo do átomo. Freud - Totem e Tabu. Morte de Saussure. 1914: Abertura do canal do Panamá. Watson: O comporta-mento – Introdução à psicologia comparada.

1910	1919: Tratados de paz. Sociedade das Nações. III Internacional. Nascem a Tchecoslováquia e a Iuguslávia. Itália: Partido popular italiano.		Breton e Soupault – Os campos magnéticos. Proust – À sombra das raparigas em flor. Bandeira – Carnaval.	1914: Freud - Sobre O Narcisismo: Uma Introdução - Contribuição à história do movimento psicanalítico. Freud – O Moisés de Michelangelo (anônimo na revista Imago) 1915: Einstein – Relatividade geral. Freud - Os Instintos e suas Vicissitudes Freud - O Inconsciente 1916: Ferdinand de Saussure – Curso de Lingüística Geral (Póstumo). 1917[1915]: Freud - Luto e Melancolia. 1918: Wittgenstein escreve "Tractatus logico-philosophicus" 1919: Vários – Filme sonoro.
1920	1920: Itália – O Partido Comunista Italiano e o Partido Nacional Fascista. Rússia – a NEP. 1922: Itália – Mussolini no governo. Pio XI, papa. 1923: Turquia – Proclamação da República. Alemanha – O Putsch de Munique (Hitler). 1924: Rússia – Morte de Lênin. Stálin no poder.	1920: Gentile – Discursos de Religião. 1921: Scheler – O eterno no homem. Rickert – Sistema de Filosofia. Wittgenstein – Tractatus lógico-philosophicus. 1922: Weber – Economia e Sociedade (Póstumo). Troeltsch – O historicismo e seus problemas. 1923: Lukács – História e consciência de classe.	1921: Pirandelo – Seis personagens à procura de um autor. 1922: Joyce – Ulysses. Mário de Andrade – Paulicéia desvairada. Semana de Arte Moderna. Pirandello – Henrique IV. Valéry – Charmes. Morte de Proust. 1923: Svevo – A consciência de Zeno.	1920: Freud - Além do Princípio de Prazer Wertheimer – O pensamento produtivo. Adler – Práxis e teoria da psicologia individual. 1921: Freud - Psicologia de Grupo e a Análise do Ego Benting-Bert – Insulina. Jung – Tipos psicológicos. 1922: De Broglie – Mecânica ondulatória. 1923: Freud - O Ego e o Id

1920	China – Início da revolução nacionalista. Itália - Delito Matteotti. 1925: Itália – Inicia-se a ditadura fascista. 1926: Itália especial para defesa do Estado. 1927: Itália – Carta del lavoro. 1929: Itália- Vaticano – Pactos Lateranses. Nova Iorque – Queda da bolsa.	Korsch – Marxismo e filosofia. 1923-1929: Cassirer – A filosofia das formas simbólicas. 1924: Nasce o círculo de Viena. Meinecke – A razão de Estado. 1925: Dewey – Experiência e natureza. 1926: Nasce Foucault. Hartmann – Ética. 1927: Heidegger – Ser e tempo. Marcel – Diário metafísico. Kautsky – A concepção materialista da história. 1928: Carnap – A construção lógica do mundo. 1929: Whitehead – Processo e Realidade. Husserl – Lógica formal e transcendental.	Rilke – Elegias de Duíno. 1924: T. Mann – A montanha encantada. Breton – O manifesto surrealista. 1925: Nasce Clarice Lispector Montale – Ossos de sépia. Kafka – O processo (póstumo). 1927: Garcia Lorca – Cancioneiro. Pirandello – Um, nenhum, cem mil. Nasce Tom Jobim. 1928: Brecht – Ópera dos três vinténs. Mário de Andrade – Macunaíma. Garcia Lorca – Romanzero gitano. Breton - Nádia Drummond – No meio do caminho. 1929: Hemingway – Adeus às armas. Moravia – Os indiferentes. Heidegger – Que é a metafísica?	Primeiros sinais em Freud do câncer no maxilar. Primeira de uma série de operações, onde coloca uma enorme prótese, apelidada "o monstro". Piaget – Linguagem e pensamento na criança. 1925: Heiseinberg – Mecânica Quântica. Freud publica sua autobiografia. Watson – Comportamentalismo. Morte de Breuer 1926: Freud – A questão da análise leiga. Criação da Sociedade Psicanalítica de Paris (SPP). 1927: Heisenberg – Princípio de indeterminação. Durval Marcondes e Franco da Rocha fundam em São Paulo a primeira sociedade psicanalítica do continente latino-americano (SBP). Moreira e Porto-Carrero instalam uma filial da SBP no Rio de Janeiro. Freud - O Futuro de Uma Ilusão Marconi–Telefone intercontinental s/ fio. Bridgman – A lógica da física moderna.

1920				1928: Fleming – Penicilina. Jung – O ego e o inconsciente. Lacan estuda com Clérambault. 1929: Mannheim – Ideologia e utopia. Max Schur torna-se o médico pessoal de Freud
1930	1930: Alemanha – Vitória eleitoral nazista. Golpe de estado: Getúlio Vargas, presidente do Brasil com o apoio do exército. 1931: Espanha – Vitória eleitoral republicana. China – I república soviética. 1932: Estados Unidos – F. D. Roosevelt Presidente. 1933: Alemanha – Hitler Chanceler. Portugal – Salazar no poder. Estados Unidos – Inicia-se o New Deal. 1934: China – Inicia-se a "longa marcha" dos comunistas. Vargas eleito presidente do Brasil. 1935: Proclamação do Estado Novo no Brasil. Alemanha – Leis anti-semitas. China- República comunista. A Itália invade a Etiópia. 1936: Espanha – Guerra civil.	1931: Gentile – Filosofia da arte. Neurath – Fisicalismo. Husserl – As meditações cartesianas. 1932: Bergson – As duas fontes da moral e da religião. 1933: Heidegger profere um discurso intitulado: A universidade alemã, avessa e contra ela mesma. 1935: Hartmann – Fundamentação da ontologia. 1936: Maritain – Humanismo integral. Bridgman – A natureza da teoria física. Husserl – A crise das ciências européias e a fenomenologia transcendental. Ayer – Linguagem, verdade e lógica. 1938: Dewey – Lógica, teoria da investigação.	1930: Quasímodo – Águas e terras. Manuel Bandeira – Libertinagem Breton – Segundo Manifesto do surrealismo. Drummond – Alguma Poesia. 1930-1933: Musil – O homem sem qualidade. 1931: Nasce Vinícius de Moraes. 1932: Céline – A viagem ao fim da noite. 1933: Ungaretti – Sentimento do tempo. Gilberto Freyre – Casa grande e senzala. Garcia Lorca – Bodas de sangue. Jorge Amado – Cacau. Lang – O testamento do doutor Mabuse. 1933-1943: T. Mann – José e seus irmãos (trilogia). 1934: Miller – Trópico de Câncer.	1930: Freud - O Mal-Estar na Civilização Freud recebe o prêmio Goethe. 1930: O primeiro cicloton. Keynes – Tratado da moeda. 1931: Gödel – Teorema dos indecidíveis. Marguerite Anzieu (Aimée), em consequência de um atentado contra a atriz Huguette Duflos, é internada no Hospital Sainte-Anne, onde encontrará Lacan. 1932: Domagk – Sulfamicidas. Lacan – Da psicose paranóica e suas relações com a personalidade. Começa a análise de Lacan com Loewenstein. 1933-1934: Kelsen – Doutrina pura do Direito. 1933: A psicanálise é considerada como "ciência judia". Os livros de Freud são queimados na Alemanha.

1930	A Itália anexa a Etiópia. Eixo Roma-Berlim. 1937: O Japão ataca a China. 1938: A Alemanha anexa a Áustria. Conferência de Munique. 1939: Explode a II Guerra Mundial. A Itália anexa a Albânia. Espanha: Vitória de Franco. 1939-1958: Pio XII, Papa.		1935: T. S. Elliot - Assassínio na catedral. 1936: Bandeira – Estrela da manhã. Bernanos – Diário de um pároco de aldeia. Pavese – Trabalhar cansa. Mann – Freud e o pensamento moderno. 1936-1942: T. S. Elliot – Quatro quartetos. 1937: Picasso – Guernica. Jean Renoir – A grande ilusão. 1938: Nasce Glauber Rocha. Sartre – A náusea. Quasímodo – Poesias. Bacchelli – O moinho do pó. Dali faz o retrato de Freud 1939: Brecht – Mãe coragem. Montale – As ocasiões. Steinbeck – As vinhas da ira.	Lacan publicana revista *Le Minotaure* um artigo sobre o crime das irmãs Papin. 1934: Popper – Lógica da descoberta científica. Carnap – Sintaxe lógica da linguagem. Casamento de Lacan com Marie-Louise Blondin. Lacan participa dos cursos de Kojève sobre a Fenomenologia do espírito. Reichstein – Síntese da vitamina C. Suicídio de Clérambault. Lacan é eleito membro associado da SPP 1935: Fermi – Fissão do átomo. 1936: Lacan – O estádio do espelho Keynes – Teoria geral da ocupação, juro e moeda. Kendall – Cortisona. 1937: Freud – Análise terminável e interminável. Zeiss – cinematógrafo a cores. 1938: Raschenbach – Calculadora eletrônica. Carothers – Náilon. Freud escapa do nazismo refugiando-se em Londres. Morte de Troubetskoï.

1930				Lacan é eleito membro titular da SPP, apesar de contrariar a opinião de Loewenstein. Lacan interrompe sua análise. 1938: Freud - Moisés e o Monoteísmo *1939: Morte de Freud.*
1940	1940: Itália entra na guerra. Paris é declarada cidade aberta. 1941: Ataque japonês a Pearl Harbour. Os Estados Unidos entram na guerra. 1942: Início do Holocausto. 1942-1943: Batalha de Stalingrado. 1943: Itália – Queda do Fascismo, armistício, República Social Italiana, Resistência. Conferência de Teerã. 1944 Desembarque aliado na Normandia. 1945 Conferência de Yalta. Liberação da Itália. Bombardeio atômico de Hiroshima e Nagasaki. Golpe de Estado: Afastamento de Getulio Vargas. Prisão e execução de Mussolini Suicídio de Hitler	1940: Bachelard – A filosofia do não. 1941: Bultmann – Novo Testamento e Mitologia. Rahner – Ouvintes da palavra. 1942: Merleau-Ponty – A estrutura do comportamento. 1943: Sartre – O Ser e o Nada. Bataille – Experiência interior. 1944: Stevenson – Ética e linguagem. 1945: Popper - A sociedade aberta e seus inimigos. Sartre – O existencialismo é o humanismo. 1945: Merleau-Ponty – Fenomenologia da percepção. 1945-1949: Wittgenstein – Pesquisas filosóficas. 1946: Heidegger – Carta sobre o humanismo. 1947: Gramsci – Cartas da prisão (Póstumas). Horkheimer – Eclipse da razão e, junto com Adorno, Dialética do iluminismo.	1940: Hemingway – Por quem dobram os sinos. 1942: Camus – O estrangeiro. 1943: Representação em Paris da peça "Moscas" de Sartre. Camus – O mito de Sísifo. 1944: Apresentação de "Entre quatro paredes" de Sartre. Louis Aragon - Aurélio Lispector – Perto do coração selvagem. 1945: Saba – Cancioneiro. Drummond – A rosa do povo. Morte de Mário de Andrade. 1946: Guimarães Rosa – Sagarana. 1947: Ungaretti – A dor. Quasímodo – Dia após dia. Camus – A peste. Mann – O doutor Fausto T. Williams – Um bonde chamado desejo. 1948: Bandeira – Mafuá do Malungo. 1949: Beauvoir – O segundo sexo.	1940: Descoberta do fator Rhesus (Rh). Primeiro radar. 1941: Primeiro avião a jato. Criação em Nova York da École Libre des Hautes Études, onde Lèvi-Strauss, Jakobson e Koyré lecionarão. Zilboorg e Henry – História da psicologia médica. 1942: Fermi – Pilha atômica. Clérambault – Obra psiquiátrica (póstuma) 1944: Dissolução da SBP. 1945: Lacan – O tempo lógico e a asserção da certeza antecipada: um novo sofisma. Ernst Jones torna-se biógrafo de Freud. 1945: Estados Unidos – Bomba atômica. Marton – Microscópio eletrônico. 1946: Wiener funda a cibernética. Lacan – Informe sobre a causalidade psíquica.

1940	Anúncio oficial da vitória dos aliados. 1946: Itália – Plebiscito e proclamação da República. Filipinas – Independência 1946-1955: Argentina – Peron. 1947: Tratados de paz. Índia – Independência. 1948: Nasce a República de Israel. Itália – Constituição Republicana. Índia – Assassínio de Ghandi. Tchecoslováquia – Golpe de estado comunista. 1949: China – República Popular (Mao Tse-Tung, 1893-1976). Divisão da Alemanha. Pacto Atlântico (A OTAN).	Merleau-Ponty – Humanismo e terror. 1948-1951: Gramsci – Cadernos da prisão (Póstumos). 1948: Russell – O conhecimento humano. 1949: Mounier – O personalismo. Bonhoeffer – Ética (Póstuma).	1949: Orwell – 1984. Miller – A morte de um caixeiro viajante.	1948: Shockley – Transistor. Dugger – Aureomicina. Lacan toma-se membro da comissão de ensino da SPP Primeiro encontro de Lévi-Strauss e Lacan promovido por Koyré Columbia – Discos de microssulcos. 1949: Lacan – O estádio do espelho como formador da função do eu. Didier Anzieu (filho de Marguerite) entra em análise com Lacan. 1949: Primeiro avião a jato para passageiros. Lévi-Strauss – As estruturas elementares do parentesco.
1950	1950: Pio XII – Humani generis. 1950-1953: Guerra da Coréia. 1951: Vargas novamente eleito presidente do Brasil. 1952: Elisabeth II, rainha da Inglaterra. 1952: Estados Unidos – Bomba H e o submarino atômico. 1953: Rússia – Morte de Stálin.	1950: Heidegger – Caminhos interrompidos. 1951: Marcel – O mistério do ser. Adorno: Mínima moralia. 1952: Hare – A linguagem da moral. 1953: Ryle – Linguagem comum. Heidegger – Introdução à metafísica.	1950: Neruda – Canto geral. Pavese - A lua e as fogueiras. 1952: Beckett – Esperando Godot. 1953: Febvre – Combates pela história. 1954: Moravia – A romana. Bandeira – Intinerário de Pasagarda. Neruda – Odes elementares. Beauvoir – Os mandarins 1955: Pratolini – Metello. Pasolini – Ragazzi di vita.	1950: Piaget – Introdução à epistemologia genética. 1951: Lacan – Intervenção sobre a transferência. Lacan: Algumas reflexões sobre o ego, conferência na British Psychoanalytical Society. Início do Seminário de Lacan na rua Lille nº 3. Comentário sobre 'O homem dos lobos'.

1950	1953: União Soviética – A bomba H. 1954: Indonésia – Independência. O Vietnã se liberta dos franceses. Suicídio de Vargas. A OTASE. 1955-1964: União Soviética – Kruschev. Kubistchek eleito presidente do Brasil. 1956: União Soviética – Fim da era staliniana (XX Congresso do PCUS). Hungria – Revolução anticomunista. O Egito nacionaliza o Canal de Suez. 1957: Tratado de Roma – MEC e EURATOM. Gana – (Costa do ouro) – Independência. Inicia-se a guerra do Vietnã. 1958 Fundação da NASA. França: V República (De Gaulle). Cuba – Revolução de Fidel Castro. 1958-1963: João XXIII, papa.	Merleau-Ponty dá sua aula inaugural no Collège de France. Barthes – O grau zero da escrita. 1954: Foucault – Doença mental e personalidade. Barthes – Michelet por ele mesmo. 1954-1959: Bloch – O princípio da esperança. 1955: Marcuse – Eros e civilização. 1955: Merleau-Ponty – As aventuras da dialética. 1956: Fromm - A arte de amar. Canguilhem – O que é a psicologia? 1957: Watkins – Metafísica confirmável e influente. 1959: Sttrawson – Indivíduos (Ensaio de metafísica descritiva). Althusser – Montesqieu, a política e a história	Hitchcock – O crime quase perfeito. Ray – Johnny Guitar 1956: Guimarães Rosa – Diadorim – Grande Sertão: Veredas; e Corpo de Baile. 1957: Brecht – Vida de Galileo (Redação definitiva). Pasternak – Doutor Jivago. 1958: Tomasi de Lampedusa – Il Gattopardo (Póstumo). Jorge Amado – Gabriela cravo e canela. Bergman – O sétimo selo. 1958: Sollers – Uma curiosa solidão. Sartre entrega a Huston seu script cinematográfico: Freud além da Alma. Pasternak: Prêmio Nobel de Literatura. Resnais: Hiroshima, meu amor. 1959: Morte de Villa-Lobos. Calvino – O cavaleiro inexistente. Pasolini – Uma vida violenta. Drummond – A vida passada a limpo.	Lacan faz sua 1ª conferência sobre a duração das sessões na SPP. 1952: Strawson – Introdução à teoria lógica. Lacan faz sua 2ª conferência sobre a duração das sessões. Lacan é eleito diretor provisório do Instituto. 1953: Lacan torna-se presidente da SPP. No Collège Philosophique, Lacan faz uma conferência sobre "O mito individual do neurótico". Menciona pela primeira vez a noção de nome-do-pai. Lacan, Dolto, Lagache e outros, deixam a SPP. Jones – Vida e obra de Sigmund Freud Lacan – O Simbólico, o Imaginário e o Real. Casamento de Lacan e Sylvia Bataille. Lacan – Função e campo da palavra e da linguagem em psicanálise. Lacan faz sua terceira conferência sobre a duração das sessões na SPP. 1953: Lacan – Primeira sessão do Seminário 1: Os escritos técnicos de Freud.

1950				1954 – Lacan - Primeira sessão do Seminário 2 : O eu na teoria de Freud e na técnica da psicanálise. 1955: 1° avião a jato de transporte. 1955: Morte de Einstein Salk – Vacina antipólio. 1ª menção da função do pai como pai simbólico. Lévi-Strauss – Tristes Trópicos. Lacan - Primeira sessão do Seminário 3 : As psicoses. 1956: Kornberg – Síntese do DNA. Lacan: primeiras referências à metáfora e metonímia baseadas em Jakobson. Centenário do nascimento de Freud. Lacan: introdução do conceito de nome-do-pai e foraclusão. Lacan – Intervenção sobre a exposição de C. Lévi-Strauss: sobre as relações entre a mitologia e o ritual. Lacan – Situação da psicanálise e formação do psicanalista em 1956. 1956: Lacan-1ª sessão do Seminário 4 : A relação de objeto e as estruturas freudianas.

1950				1957: URSS – 1° satélite artificial (Sputnik I). Barthes - Mitologias Chomsky – Estruturas Sintáticas. Lacan - 1ª sessão do Seminário 5 : As formações do inconsciente. Lacan: A psicanálise e seu ensino. Lacan: A instância da letra no inconsciente ou a razão depois de Freud. 1958: Dumézil – A ideologia tripartite dos indo-europeus. Townes-Schawlow – Laser. EUA: 1° satélite artificial.. 1ª sessão do Seminário 6 : O desejo e sua interpretação - A significação do falo - A direção da cura e os princípios de seu poder. Perelman – Tratado da argumentação – a nova retórica. Lévi-Strauss – Antropologia estrutural. 1959: Lacan - 1ª sessão do Seminário 7 : A ética da psicanálise. Anzieu – A autoanálise de Freud e a descoberta da psicanálise. A SFP pede sua filiação à IPA.

1960	1960: Estados Unidos – J. Kennedy –Presidente. Congo – Independência. Inauguração de Brasília – Capital do Brasil. 1961: João XXIII – Mater e Magistra. Berlim – Construção do muro entre os dois setores. 1962: Argélia – Independência. Guerra Indo-Chinesa. USA-URSS – Crise de Cuba. 1962-1965 – Concílio Vaticano II. 1963: João XXIII – Pacem in terris. USA – Assassínio de J. Kennedy. Organização da Unidade Africana (OUA). 1963-1978: Paulo VI, papa. 1964: Independência de Malta. 1964-1973: Os americanos no Vietnã. 1964-1982: URSS – Breznev. 1964: Os militares derrubam Jango e iniciam a ditadura no Brasil. 1966: Argentina – Militares no poder. 1966-1968: China – Revolução Cultural.	1960: Gadamer – Verdade e método. Sartre – Crítica da razão dialética. Koyré – A revolução astronômica 1961: Heidegger – Nietzsche. Balthasar – Glória – Uma estética teológica (Vol I). Morte de Merleau-Ponty Tese de Foucault: A história da loucura na idade clássica. 1962: Fromm – Marx e Freud. Deleuze – Nietzsche e a filosofia Vernant – As origens do pensamento grego Koyré – Do mundo fechado ao universo finito 1963: Popper – Conjeturas e refutações. Kuhn – A estrutura das revoluções científicas. Início do seminário de Althusser sobre a obra de Lacan. Lukács – Estética. Althusser escreve: Freud e Lacan 1964: Mortmann – Teologia da esperança. Marcuse – O homem de uma dimensão.	1960: Morávia – A náusea. Hitchcock revoluciona o cinema de suspense com Psicose. Lispector – Laços de família. Morte de Camus Godard – O pequeno soldado. 1961:Glauber Rocha– Barravento. Lispector – A maçã no escuro. 1962: Solženicyn – Um dia de Ivan Denissovic. 1963: Gadda –A cognição da dor. Barthes – Sobre Racine Glauber Rocha – Deus e o diabo na terra do sol. 1964: Duras – O deslumbramento. Barthes – Ensaios críticos Hitchcock - Marnie Lispector – A paixão segundo G.H.; A legião estrangeira e Uma aprendizagem ou o livro dos prazeres. Morte de Cecília Meireles. Sartre – Nobel de Literatura 1965: Barthes – Crítica e verdade 1966: Jorge Amado – Dona Flor e seus dois maridos. Bandeira – Estrela da tarde. 1967: Glauber Rocha – Terra em transe.	1960 : Lacan – Subversão do sujeito e a dialética do desejo no inconsciente freudiano. Lacan – Posição do inconsciente. Sabin – Vacina antipólio. Aula inaugural de Lévi-Strauss no Collège de France. Publicação do 1° n° da revista Tel Quel 1960 : Lacan - Primeira sessão do Seminário 8 : A transferência. Morte de Melanie Klein Lacan: Subversão do sujeito e dialética do desejo no inconsciente freudiano. 1961 : URSS – Primeira aeronave pilotada (Vostok I, Gagarin). 1961: Lacan - Primeira sessão do Seminário 9 : A identificação. 1962: USA – Primeira cosmonave pilotada (Glenn). Lévi-Strauss – O pensamento selvagem. 1962: Lacan - Primeira sessão do Seminário 10: A Angústia. Kant com Sade. 1963: Lacan – Os Nomes do pai.

1960	1967: Egito-Israel – Guerra dos seis dias. Paulo VI – Populorum progessio. 1968: Tchecoslováquia – Primavera de Praga. USA – Assassínio de M. L. King e de R. Kennedy. Nixon Presidente. Paris – Contestação dos estudantes. 1969: Itália – Massacre de Piazza Fontana em Milão. Inicia o terrorismo. 1969-1973: Chile – Allende Presidente.	Sebag – Estruturalismo e filosofia. 1965: Althusser – Análise crítica da teoria marxista; Por Marx. Vernant – Mito e pensamento entre os gregos. Derrida – Da gramatologia 1966: Adorno – Dialética negativa Foucault – As palavras e as coisas. Canguilhem – O normal e o patológico. Garaudy – O marxismo do século XX. 1967: Pannenberg – O Deus da esperança. Habermas – Lógica das ciências sociais. 1968: Piaget – O estruturalismo. Metz – Sobre teologia do mundo. Althusser – Conferência sobre: Lênin e a filosofia.	G. G. Márquez – Cem anos de solidão. Solženicyn – Divisão câncer. Aragon – Blanche ou o esquecimento. Morte de Guimarães Rosa. 1968: Fenoglio – Il partigiano Johnny (Póstumo). João Cabral de Melo Neto – Poesias completas. 1968: Brasil – A Tropicália 1969: Festival de Woodstock. Glauber Rocha – Antônio das Mortes, O dragão da maldade contra o santo guerreiro. Beckett – Nobel de Literatura	Relatório de Tourquet pedindo a exclusão de Jacques Lacan da lista de didatas da SFP. Jakobson – Ensaios de lingüística geral. 1964: China – Bomba atômica. Lacan inaugura seu seminário na École Normale Superieure: A excomunhão. Lacan - Primeira sessão do Seminário 11. Os fundamentos da psicanálise. Lévi-Strauss – O cru e o cozido 1964: Lacan - Primeira sessão do Seminário 12. Problemas cruciais para a psicanálise. Criação por Lacan da École Française de Psychanalyse. 1965: Lacan - Primeira sessão do Seminário 13. O objeto da psicanálise. 1966: Lançamento dos Escritos de Lacan. 1966: Lacan - Primeira sessão do Seminário 14. A Lógica do fantasma. 1967: Lacan - A proposição de 9 de outubro de 1967. 1967: Lacan - Primeira sessão do Seminário 15. O Ato psicanalítico.

1960				1968: Lançamento do primeiro nº da revista Scilicet, todos os artigos são anônimos, exceto os de Lacan. Barnard – Primeiro transplante de coração do mundo. Primeira reunião do grupo de estudos teóricos da revista Tel Quel. Saphouan, Ducrot, Todorov, Sperber e Wahl – O que é o estruturalismo? 1968: Lacan - Primeira sessão do Seminário 16. De um outro ao Outro. 1969: Kristeva – Introdução à semanálise. Os americanos desembarcam na lua. Lacan – Intervenção sobre a exposição de M. Foucault: "O que é um autor ". 1969: Lacan - Primeira sessão do Seminário 17. O avesso da psicanálise. 1969: Criada, por iniciativa do exército americano, a Internet.
1970	1972: Inglaterra, Irlanda, Noruega e Dinamarca na CEE. 1973: A Grã-Bretanha integra a CEE. 1975: Fim da Guerra do Vietnã.	1970: Lakatos – A falseação e a metodologia dos programas de pesquisa. Althusser – Ideologia e aparelhos ideológicos do Estado.	1970: José Saramago – Provavelmente Alegria. Visconti – Crepúsculo dos deuses 1971: Montale – Satura. 1972: Amado – Tereza Batista.	1971: Lacan - Primeira sessão do Seminário 18. De um discurso que não seria do semblante. 1971: Lacan - Primeira sessão do Seminário 19.... Ou pior (O saber do psicanalista).

1970	A Espanha inicia o processo de democratização. 1977: João Paulo II, Papa.	Aula Inaugural de Foucault no Collège de France 1971: Criação por Foucault do Grupo Informações prisões 1972: Popper – Conhecimento objetivo. Deleuze e Guattari – O anti-édipo. Capitalismo e esquizofrenia. Derrida - Posições 1973: Althusser – Resposta a John Lewis Foucault (e outros) – Eu, Pierre Rivière, tendo estrangulado minha mãe, minha irmã e meu irmão... Um caso de parricídio no século XIX. 1975: Foucault – Vigiar e punir 1976: Morte de Heidegger Foucault – História da sexualidade, vol 1: A vontade de saber. 1977: Popper-Eccles – O eu e seu cérebro. Deleuze – Sobre os novos filósofos. 1978: Foucault – Herculine Babin, também chamado de Alexina B. 1979: Descombes – O mesmo e o outro.	1973: Saramago – A bagagem do viajante. 1977: Morte de Lispector. Aula inaugural de Barthes no Collège de France. Barthes – Fragmentos de um discurso amoroso. Lispector – A hora da estrela.	1972: Piaget (E outros) – Epistemologia das ciências do homem. 1972: Lacan - Primeira sessão do Seminário 20. Mais, ainda. Primeira utilização por Lacan dos nós borromeanos. Lançamento do Seminário XI de Lacan, estabelecido por Miller. 1973: Lévi-Strauss – Antropologia estrutural II. Lacan – A psicanálise na sua referência a relação sexual. Lacan – Intervenção em um debate sobre: A formação dos analistas. Lacan – Intervenção na sessão de trabalho sobre: "O Passe". 1973: Lacan - Primeira sessão do Seminário 21. Les non-dupes errent. 1974: Lacan - Primeira sessão do Seminário 22. R.S.I. Lévi-Strauss é recebido na Academia Francesa. Saphouan – Estudos sobre Édipo. 1975: Jacques Laberge e Ivan Correa fundam o primeiro círculo lacaniano do Brasil, o Centro de Estudos Freudianos do Recife (CEFR).

1970				Estados Unidos – Impressora a Laser. Encontro de americanos e soviéticos no espaço. 1975: Lacan - Primeira sessão do Seminário 23. O sintoma. 1976: Lacan - Primeira sessão do Seminário 24. L'insu que sait de l'une bévue s'aile à mourre. 1977: Lacan - Primeira sessão do Seminário 25. O momento de concluir. 1978 : Lacan - Primeira sessão do Seminário 26. A topologia e o tempo.
1980	1980: O Iraque ataca o Irã. Sri-Lanka – Guerra Civil. USA- Ronald Reagan – Presidente. 1981: França – Mitterrand – Presidente. 1982: Guerra das Malvinas. Espanha – membro da OTAN. 1983: Argentina – Alfonsín Presidente. 1984: Portugal integra a CEE. Manifestação no Brasil (São Paulo) contra a ditadura. Manifestação pelas 'Diretas Já'.	1980: Morte de Sartre Deleuze e Guattari – Mil platôs. Derrida – La carte postale. Althusser anuncia a seu médico que matou Hélène, sua mulher. 1984: Juranville – Lacan e a filosofia. Sartre – Freud além da alma. *Morte de Foucault.*	1980: Brasil – Morre Vinícius de Moraes. USA – Assassínio do ex-Beatle John Lennon. Saramago – Levantado do Chão. Morte de Roland Barthes. 1981: Morte de Glauber Rocha. 1982: Eco – O nome da rosa. Garcia Márquez – Nobel de Literatura 1983: Sollers – Femmes. Morte de Buñuel. 1984: Milan Kundera publica A insustentável leveza do ser. Duras – O amante.	1980: Divulgação de uma carta de dissolução de EFP com a assinatura de Lacan. Inaugurado o túnel de Fréjus. (O maior da Europa). Carta assinada por Lacan denominada 'carta aos mil', anunciando a criação do grupo a Causa Freudiana. Lacan retoma as apresentações de pacientes no Sainte-Anne. Suas pertubações cerebrais e afasias causam uma crise na EFP. Em outubro ele já não consegue fazer a apresentação de seus pacientes.

1980				Nova carta com assinatura de Lacan anunciando a criação de uma Escola dentro da Causa Freudiana. Melman denuncia as práticas de Miller. Início da fragmentação da Causa Freudiana, que levará à criação de uma diversidade de grupos lacanianos. 1981: USA – Nave espacial aterriza como avião. As 'ausências' de Lacan não podem mais ser mascaradas. Publicação dos estatutos da ECF com a assinatura de Lacan. USA: Bomba de Nêutrons. 1981: Morre Jacques Lacan. 1982: USA – Primeiro enxerto de coração artificial em homem. Philips e Sony lançam o primeiro leitor de CD. Morte de Jakobson. Criação da Associação Freudiana por Melman. Criação do Centro de Formação e de Pesquisas Psicanalíticas, por O. Mannoni, M. Mannoni e Guyomard. Morte de Anna Freud.

1980				Roudinesco – História da Psicanálise na França. A batalha de cem anos, vol.1. 1983: Apple lança o primeiro computador com mouse. Milner – Os nomes indistintos Dör – Bibliografia dos trabalhos de Jacques Lacan.